Rezepte von Ralf Hörger
mit Texten von Friederike Lerbs

ehrlich regional

(h)ausgemachtes kochvergnügen

Regionales
Kochbuch
Allgäu-
Oberschwaben-
Bodensee

ehrlich regional

(h)ausgemachtes kochvergnügen

Regionales
Kochbuch
Allgäu-
Oberschwaben-
Bodensee

Zum Wohl!

Dieses Kochbuch ist etwas Besonderes. Weit mehr als ein Gebrauchswerk für die Küche; es lädt ein zum Genießen und das auf jeder Seite. Bei jedem Umblättern stimuliert es die Phantasie, macht Appetit und weckt Lust auf mehr. Was Sie jetzt am besten damit tun? Schauen Sie einmal, wo daheim Ihre bequemste Ecke ist, Ihr schönster Platz zum Lesen, denn dahin ziehen Sie sich gleich zurück. Mit diesem Buch und einem kühlen, frisch prickelnden Allgäuer Bier. Oder lieber mit einem Glas Tee?

Egal, wofür Sie sich entscheiden, das Wichtigste ist, dass Sie sich Zeit nehmen. Denn Kochen ist ein Fest, ein Fest für die Sinne und für die Seele, eines, das wir jeden Tag aufs Neue feiern können. Lassen Sie sich darauf ein! Ein großes Stück Vorfreude halten Sie längst in den Händen: 188 außergewöhnliche Seiten, die mit Liebe und Wissen vom regionalen Essen erzählen. Mit Rezepten aus hiesigen Küchen, mit Zutaten, die die Gegend hervorbringt, mit überraschenden Geschichten und anregenden Gedanken.

Und, haben Sie Ihren Platz zum Schmökern gefunden? Die Beine ausgestreckt, den Geist entspannt? Dann genießen Sie die Lektüre! Erleben Sie eine herzhafte Schlemmerreise durch die Region zwischen Bodensee und Lech. Falls das aber heute nicht Ihre erste Tour ist und Sie längst mit dem Buch in der Küche stehen, startbereit fürs Kochvergnügen, dann gehen Sie es trotzdem festlich an! Am besten mit Familie und Freunden. Denn wer will schon alleine vor sich hinschmoren? Teilen Sie mit den anderen Ihr Bier oder besagten Tee, verwöhnen Sie alle mit einem feinen Aperitif und dann ... Genießen Sie das Fest!

Ein kleiner Gruß aus der Küche...

Bevor Sie weiterblättern, will ich noch kurz zwei Dinge loswerden. Erstens: Alle Rezepte, die Sie hier finden, sind für vier Personen ausgelegt. Es sei denn, ein extra Hinweis besagt etwas anderes. Zweitens: Jedes Foto in diesem Buch geht auf ein echtes Essen zurück. Es wurde wirklich gekocht und verspeist. Wir haben also auf das heute oft übliche Food-Styling verzichtet und unsere Getränke und Speisen nicht mit allerlei Hilfen und Tricks auf Modelmaße und perfekte Optik getrimmt. Klar, das Auge isst mit. Und versprochen: Das tut's mit jedem Umblättern! Was mir aber am Herzen liegt, ist nicht perfektes Aussehen. Für mich zählen Geschmack und Ehrlichkeit. Denken Sie sich den herrlichen Duft gleich noch dazu!

Viel Spaß beim Schmökern und Probieren!

Ihr Ralf Hörger

8 **Einen Augenblick, bitte!**
Regional und saisonal kochen

16 **Durstig?**

18 **Basics**
20 Kräuter
24 Essig
28 Öl
30 Salz

32 **Obst – süße Versuchung**

42 **Gemüse – Von Kraut und Rüben**
50 Spargel

60 **Schwein – Einfach saugut**
70 Gulasch
78 Wurstsalat
84 Rouladen

92 **Rind – Hinaus mit ihnen!**
112 Siedfleisch
120 Vorderviertel

124 **Innereien – Das 5. Viertel**

138 **Wild(es) Vergnügen**

150 **Fisch und fertig**

158 **Käse – Die Milch macht's**

168 **Eingebrannt – Störe ihre Kreise nicht**

176 **Über regionale Projekte**
176 Mächlar und Macher
177 Projekt LandZunge
180 LandZunge-Köche

Einen Augenblick, bitte!

Natürlich können Sie gleich weiterblättern, aber dann verpassen Sie etwas! Dieses Buch möchte Sie schließlich einladen, das Alltägliche zu feiern, den Augenblick zu genießen, ihn im wahrsten Sinn des Wortes auszukosten, sich Zeit zu nehmen. Immerhin geht es hier nicht allein um gute Küche und Esskultur, sondern auch und vor allem um schwäbische Gerichte und um die Gemütlichkeit, die typisch ist für die herrlich ruhige Landschaft zwischen Bodensee und Lech, in den Allgäuer Alpen und dem vorgelagerten Hügelland. Es geht um Gastfreundschaft und es geht um Freude.

Einen Augenblick nur braucht es, um die Schönheit dieser Landschaft zu erfassen. Städte, Dörfer, Weiler, Höfe: Sie wirken oft wie gemalt und erzählen von der Geschichte des Landstrichs, von seinen Menschen und von ihrer Arbeit. Hier drängt sich nichts dem Blick auf, nichts dominiert und lässt das andere vergessen. So fügt sich schnell an den ersten Augenblick der nächste und damit das nächste Bild, ein neuer Eindruck. Selbst Einheimische, die glauben, jeden Flecken wie ihre Westentasche zu kennen, erfahren immer wieder Überraschungen.

Dabei gibt es keinen Weg, den nicht schon andere gegangen wären. Selbst in die Höll führen die Straßen. Zum Beispiel im Westallgäuer Röthenbach: nur einen Katzensprung von Malleichen entfernt, wo sich Wald und blühende Wiesen im Tal entlang der Argen zum typischen Bild der Landschaft fügen. Rundum immer wieder Höfe und kleine Weiler, Bildstöcke, Feldkreuze und Kapellen. Eine Gegend, die zum Verweilen lockt, zum Abschalten und Zeit vergessen. Nicht nur die Einheimischen wissen das zu schätzen, sondern auch immer mehr Gäste.

Spazieren, Wandern, Radeln oder mit Nordic-Walking-Stöcken die schönsten Routen erkunden; die Ecken hier im Süden Deutschlands sind so gut erschlossen, dass wohl jede und jeder auf volle Kosten kommt. Selbst, wer motorisiert bleiben will: Biker, Sonntagstourer und Oldtimerfahrer finden ganz leicht verträumt schöne Strecken. Noch im Winter locken Loipen, Pisten, Schneeschuhpfade und von Fußstapfen unberührte Weiten zu unvergesslichen Ausflügen. Und überall ein Gasthof zum Einkehren. In den Bergen sind es die Hütten, die Stärkung bieten.

Gerade an Orten, wo niemand damit rechnet, versteckt sich oft ein behaglicher Biergarten oder eine Wirtschaft mit jahrhundertealter Geschichte. Wie gut, wenn es dort nicht Pommes und Pizza, sondern Schupfnudeln, Brotzeit und Zwiebelrostbraten gibt. „Einen Augenblick, bitte!" Gutes Essen braucht seine Zeit. Doch das Warten lohnt sich. Warum nicht jede Minute vor dem Mahl mit spannenden Gesprächen auskosten? Oder einfach mit Momenten der Ruhe? Bei einem feinherben Bier oder einer, von den Wirtsleuten selbst gemachten Holunderlimonade.

Für ihre Speisen greifen die Menschen am liebsten zu Zutaten aus der Region, am besten frisch, der Jahreszeit entsprechend. Fleisch vom Bauern nebenan, Wild vom Jäger aus der Nachbarschaft, Obst aus den Gärten am Bodensee, genau wie das Gemüse. Das läuft seit Generationen so und wird zum Glück noch lange so bleiben. Das Schöne: Niemand muss Großabnehmer sein, überall können auch Familien und private Käufer zu regionalen Produkten greifen. Hiesige Geschäfte und Initiativen, Wochenmärkte und Ab-Hof-Verkäufe der Bauern machen es möglich.

Dabei gibt es nur wenige Sachen, die diese Region nicht selbst hervorbringt: Salz zum Beispiel oder Pfeffer. Denn sogar scheinbar Exotisches wie Öl, Whiskey oder Wein bietet dieser Flecken Erde. Hier wachsen Lein und Raps, Getreide und Hopfen, Weinreben und Walnüsse. Selbst Fische, Krebse, Weinbergschnecken und Lammfleisch kommen frisch und auf kurzen Wegen auf die Teller der Genießer. Findige Bauern und flexible Unternehmen haben längst Wege gefunden, aus Klima, Ressourcen und den Stärken der Gegend immer wieder Neues herauszuholen.

Sie setzen nicht nur auf die Möglichkeiten der Gegenwart: moderne Züchtungen zum Beispiel oder computergesteuerte, solar erwärmte Gewächshäuser. Sie leben zugleich altes, tradiertes Wissen. Es genügt, Senn und Sennerin über die Schulter zu schauen, wie sie aus einfachen Zutaten wie Milch und Zeit herzhaften, kräftigen Käse herstellen. Oder Köchin und Koch, die es noch oder wieder verstehen, von Rind und Schwein nicht nur die Edelteile zu verwenden. Da kommen Siedfleisch, Schmorbraten, Zunge und Innereien zu neuen, alten Ehren.

Und das zu Recht: Sie schmecken nicht nur gut und bringen Abwechslung auf die Teller. Sie zeugen auch vom Respekt, den die Menschen der Natur und dem Leben entgegenbringen. „Einen Augenblick, bitte!" Diese Achtung zeigt sich in vielem, was die Region ausmacht: die steilen Berghänge mit ihren wilden Orchideen, die ohne den Einsatz der Bauern schnell verbuschen und verwachsen, oder die artenreichen Streuobstwiesen, die in anderen Gegenden Deutschlands längst wirtschaftlicheren Formen des Landbaus wichen, dazu die vielen weiteren Ecken, die dieser Gegend Charakter geben. – Einen besonderen Charakter, der sich auch auf den Tellern und in der Esskultur widerspiegelt.

Bodensee
Oberschwaben

Regional und

Allgäu

Saisonkalender Gemüse

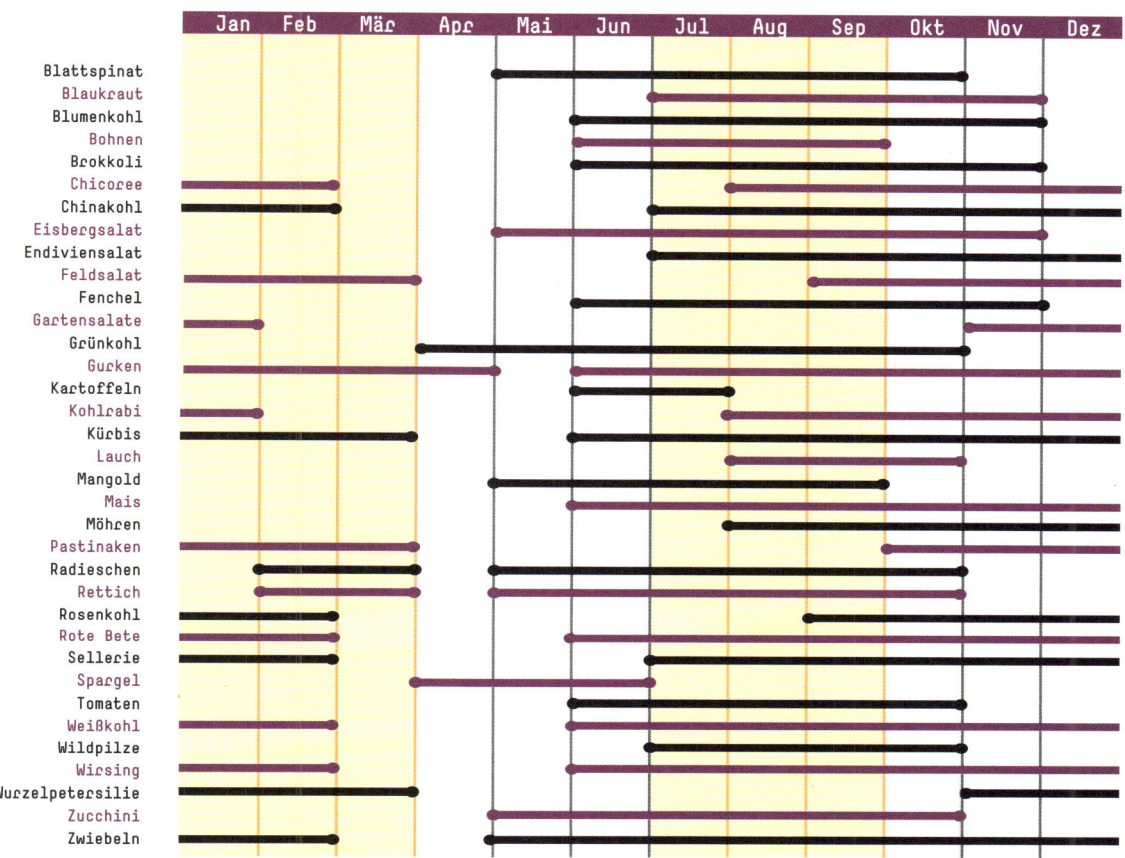

saisonal kochen

Saisonkalender Obst

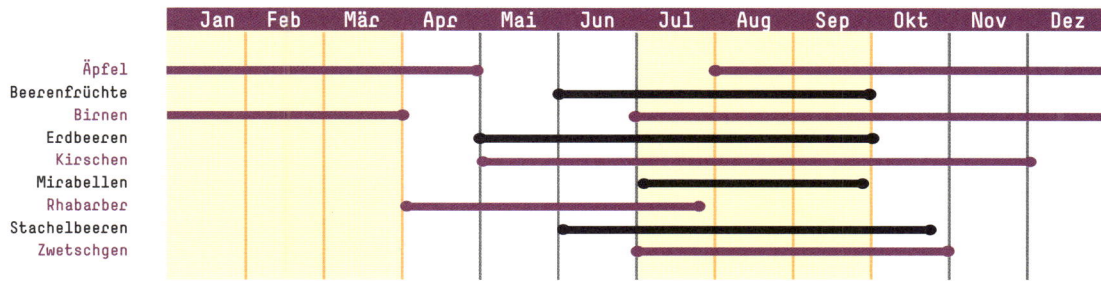

Durstig?

Wie wär's mit...

Wasser
Die Alpen speichern so viel reines Wasser, dass sie als „Wasserschloss Europas" gelten. Klar, da sprudeln auch zwischen Bodensee und Lech etliche Quellen, die den hohen Anforderungen an gesundes Mineralwasser entsprechen. Von sanft bis kräftig perlt da Vielfalt auf der Zunge.

Saft
Die Lust auf fruchtigen Genuss lässt sich hier leicht stillen. Und ständig neu erwecken. Obstgärten rund um den Bodensee und die Streuobstwiesen der heimischen Bauern bringen üppige Fülle hervor. So begeistern Keltereien mit hoher Qualität und spritzigen Saft-Kreationen.

Limo
Wie hätten Sie's denn gern? Die klassischen mit Kohlensäure versetzten Erfrischer? Oder die neuen Prickligen, deren Perlen wie beim Bier durch Gärung entstehen? Egal, wie Sie sich entscheiden, die regionalen Durstlöscher verführen immer wieder. Mit Qualität und Abwechslung.

Tee, Kaffee & Milch
So reich wie die Region an Kräutern und Gärten ist, so bunt zeigen sich die Teemischungen, die es überall zu kosten gibt. Wer Kaffee mag, bekommt ihn leicht aus hiesigen Röstereien, oft sogar fair gehandelt. Bei Sahne und Milch verrät ein Blick in die Landschaft, woher sie kommen ...

Wein
An den sonnigen Hängen des Bodensees, verwöhnt vom milden Klima, gedeihen herzhafte Früchte, die hiesige Winzer zu verschiedensten Weinen veredeln. Ein Kuriosum: Deutschlands wohl höchster Weinberg liegt im Oberallgäuer Bad Hindelang auf 860 Metern Höhe.

Bier
Die vielen kleinen und mittelständischen Brauereien der Gegend erzeugen so viele Sorten, dass es ohne Weiteres möglich ist, ein Jahr lang jeden Tag ein anderes Bier zu trinken. Was dafür gebraucht wird – Wasser, Malz und Hopfen –, bringt die Region zur Genüge hervor.

Whiskey
Wo Getreide wächst, lässt sich auch Whiskey erzeugen. So denkt ein findiger Allgäuer und stellt seit 1991 einen Tropfen her, den viele Kenner schätzen. Seit 2008 kommt auch ein Whiskey vom Bodensee und längst planen weitere Tüftler an neuen Destillen in der Region.

Aperitifs & Digestifs
Blütenwein, Beerenwein, Spezialgärungen – die Leute wissen einfach, wie Gutes haltbar gemacht und zu höchstem Genuss wird. So mancher, der die Tropfen ansetzt, hat auch eine eigene Brennerei im Haus, was aus historischen Gründen typisch für Süd- und Südwestdeutschland ist.

Genau ins Glas geschaut

Schäumt es und prickelt? Lädt schon der Anblick ein zum Kosten? Für viele ist Bier nicht einfach nur Durstlöscher. Der richtige Schluck kann den Geschmack eines Essens abrunden und Akzente setzen. Wie, das erzählt Braumeister und Biersommelier Florian Graßl im Interview.

Herr Graßl, was genau macht ein Biersommelier?
Er soll Bindeglied sein: zwischen der Brauerei, den Wirten und den Gästen. Er bringt den Gästen das Thema Bier näher, oft auch mit Informationen, die viele nicht kennen. Zum Beispiel kennt er sich aus mit der Herstellung, den Zutaten und der Schanktechnik. Das heißt, ein guter Sommelier weiß, wie man Bier schön einschenkt und mit Genuss trinkt.

Was heißt das für Ihren Alltag im Brauerei-Gasthof?
Wir ziehen das eigentlich nicht groß auf. Aber wir laden gern mal zum Menü ein, kombiniert mit den passenden Bieren. Oder wir veranstalten Verkostungen und erklären Näheres, auch welches Bier zu welchem Essen passt.

Kann ein gutes Bier nicht zu jedem Essen getrunken werden?
Können schon. Aber es ist das Gleiche wie beim Wein: Man kann immer etwas finden, was wirklich harmoniert. Nehmen Sie zum Beispiel einen kräftigen Bergkäs. Da passt am besten ein Zwickelbier, weil zu einem intensiven Käse etwas gebraucht wird, das kräftig dagegenhebt. Ein Pils würde sich verlieren.

Wenn ich daheim spontan etwas koche, wie wähle ich da das passende Bier?
Ein Pils als Aperitif geht immer, das ist wie ein Glas Sekt. Salat und Fisch können Sie mit Weißbier servieren und für normale Hauptgerichte nehmen Sie Export, Zwickel- oder Festbiere. Zu Süßspeisen können Sie einen Weizenbock reichen oder das Franz Anton Schäffler Triple. Wegen ihrer fruchtigen Noten und ihrer Süße passen sie genial.

Falls das Gericht mit Bier gekocht ist, was gibt es dann zu trinken?
Hm, gute Frage ... Nehmen Sie einfach das Gleiche: Das Bier im Glas schmeckt ohnehin ganz anders als das eingekochte.

Und wie kommt Bier richtig auf den Tisch?
Man schaut bei Pils und Weizen, dass man eher ein Glas hat, was ein bisschen offen ist. Das ist wie beim Wein: Die Sache kann atmen. Beim Schaum sollten Sie schauen, dass er stabil bleibt. Das geht, wenn Sie erst mit großzügig Schaum einschenken. Dann abwarten und setzen lassen. Wenn Sie so noch ein bis zwei Mal nachschenken, bildet sich eine schöne Schaumkrone. Ist ein Bier gut eingeschenkt, sieht man an jedem Schluck, dass Schaum schön am Glas hängen bleibt ...

Basics

Das gewisse Etwas

Ohne sie geht nichts: Es gibt Zutaten, von denen nicht viel ans Essen kommt, wenn sie aber fehlen, dann schmeckt es einfach nicht – egal wie viel Mühe sonst drinsteckt. Salz, Gewürze, Kräuter, Essig und Öl gehören zu den Beigaben, die das gewisse Etwas ausmachen. Am besten sollten sie frisch sein und von hoher Qualität. Also: lieber weniger kaufen, dafür aber öfter. Das bringt ganz nebenbei auch Vielfalt in die Küche, zum Beispiel mal schwarzen und mal weißen Pfeffer, dann roten oder grünen. Oder besser doch von jedem etwas?

Wer diese Zutaten nicht unterschätzt, taucht in eine spannende Welt ein: Farben, Düfte, Aromen ... Allein beim Olivenöl gibt es etliche Sorten, jede mit ihren Eigenheiten. Von hell bis dunkel, sanft bis bitter und fruchtig bis herb locken die Nuancen und laden ein, mit dem Geschmack zu spielen. Da bekommt der Besuch auf dem Wochenmarkt glatt einen neuen Kick. Denn es darf gefühlt, gerochen und probiert werden. Statt perfekt verschweißter Ware warten hier sinnliche Reize – und natürlich heimische Produzenten, die genau wissen, woher all die guten Sachen stammen und wie sie in der Küche Freude bereiten.

Apfelessig, Himbeer-Balsamico, spezielle Kräutersalze, eingelegter Knoblauch – die Liste der selbst gemachten Spezialitäten ist lang. Und abgesehen vom Olivenöl bringt die Region alles, was für das gewisse Etwas am guten Essen nötig ist, selbst hervor. Öl aus Lein, Disteln, Raps und Sonnenblumen zählt dazu wie Apfel-, Birnen oder Kräuteressig. Das Ganze gewürzt mit der Lust der Erzeuger, immer wieder Neues auszuprobieren. Da lohnt es sich, in Ruhe und mit Neugier auf Entdeckungstour zu gehen.

Kräuter

Für den Gleichklang...

Keine Küche ohne Kräuter. Schon gar nicht hier! Wie Pflanzen unser Leben würzen, erzählen Tilman Schlosser und Heike Potrykus vom Artemisia Kräutergarten im Interview.

Welche Kräuter wachsen in der Region, welche sind typisch?
Heike: Oh, da fällt mir sofort die Brennnessel ein! Sie ist vielfältig verwendbar und steckt voller Kraft.
Tilman: Pflanzen haben die Gabe uns zu ergänzen. Das heißt, um uns herum wächst genau das, was wir brauchen. Mal spricht uns die eine Pflanze an, dann wieder eine andere. Ich denke, man sollte einfach hinausgehen, mit offenen Augen. Nicht nach dem Typischen schauen, sondern nach dem, was einen gerade anguckt.
Heike: Es ist eine große Freiheit zu wissen, was man essen kann. Wer will und wer die Pflanzen kennt, kann sich von März bis November mit frischen Kräutern ernähren. Für den Winter kann man sie trocknen oder anders konservieren.

Welche Pflanzen habt ihr im Kräutergarten?
Tilman: Viele Kräuter haben in unserer Region wenig Raum, sich zu entfalten. Denn auf den Wiesen und im Wald herrscht meist Monokultur: Grünland und Fichten. Wir bauen Kräuter an, weil wir die Landschaft nicht plündern wollen und weil wir die Vielfalt suchen.
Heike: Eine Zeitfrage ist es auch. Wer mit Wildkräutern würzt oder kocht, braucht Muße zum Sammeln und Zeit zum Zubereiten. Mit einem Kräutergarten hat man da weniger Aufwand.
Tilman: Ja, ich kann einfach in den Garten gehen und mir das Mittagessen holen. Anders ist es natürlich bei Tees und Heilkräutern. Die brauchen wir auf Vorrat, deshalb bauen wir sie an.

Warum sammeln Menschen heute noch wilde Kräuter?
Tilman: Hm, da kommen wir ins Philosophische ... Der Mensch ist auf der Suche, nicht nur nach Kräutern.
Heike: Bei mir war es so: Ich wollte wieder Kontakt zur Natur und den Pflanzen. Also richtigen Kontakt, nicht einfach nur mit dem Radl durchfahren. Das Sammeln gibt mir Erdung, ist eine Art Meditation. Und wer intensiver mit Kräutern einsteigt, dem öffnen sie Türen. Man macht Erfahrungen, an die man nie gedacht hätte.

Wie verwendet ihr Kräuter in der Küche?
Heike: ... zum Würzen oder als Gemüse. Und die Seele isst mit! Zum Beispiel, wenn man mit Blüten dekoriert, das sieht einfach gut aus und man hat Freude, das zu essen.
Tilman: Ich sehe weniger die Gewürze, sondern auch die Bekömmlichkeit: Man gibt Kräuter zum Essen, damit der Körper das gut verarbeitet. Außerdem: Gemüse hat heute oft nicht mehr so viel Kraft wie früher, es fehlt an Inhaltsstoffen. Das können Kräuter und Wildkräuter ausgleichen.
Heike: Wenn ich Zeit habe, nehme ich gern Brennnesseln und röste sie in Olivenöl mit etwas Salz. Die gebe ich dann über den Salat oder aufs Brot. Das schmeckt einfach gut!
Tilman: Grundsätzlich ist die Vielfalt wichtig. Wer sich auf Kräuter einlässt, greift intuitiv nach dem Richtigen. Das kann eine einzelne Pflanze sein – oder ein ganzer Strauß. Wichtig ist: Am Ende sollte nichts herausschmecken oder hervorstechen. Alles im Gleichklang, das wär' das Beste.

- 500 g Allgäuer Sauerrahm-Butter
- Honigmelonen Salbei
- Kornblumen
- Knoblauch
- junge Brennnesseln
- junger Löwenzahn
- Kerbel
- Salz und Pfeffer aus der Mühle

Wildkräuter-Butter

Die Wildkräuter waschen, putzen und klein schneiden und danach mit einem Küchenmesser klein hacken. Die zimmerwarme Butter in eine entsprechende Schüssel geben und die fein gehackten Wildkräuter untermischen. Das Salz und den Pfeffer ebenfalls dazugeben und untermischen. Man kann entsprechend auch Kräuter weglassen oder andere Kräuter zumischen. Die fertige Wildkräuter-Butter in Förmchen geben.
Verwenden kann man die Butter auf einem schönen Bauernbrot, zu allen möglichen Speisen mit Fisch, Fleisch und wozu man noch überall Kräuterbutter braucht, wie zum Grillen usw.

Wer einmal angefangen hat, sich durch die Welt des Essigs zu kosten, findet so schnell kein Ende. Schon gar nicht hier in der Region. Sie bietet einfach alles, was in gute Tropfen gehört. Da locken Apfelessig und Birne, Bieressig und Bärlauch. Natürlich lockt da noch weit mehr, doch allein von interessanten Namen brauchen Sie sich nicht verführen lassen. Die hiesigen Produzenten haben mehr zu bieten: hochwertige Inhaltsstoffe, erfahrene Herstellung und saure Genüsse, die in Farbe, Geruch und Geschmack begeistern.

Die Qualität eines erlesenen Essigs beginnt schon bei den Grundstoffen, die für die Gärung verwendet werden. Ein Beispiel: Wegen der vielen Streuobstwiesen in der Region gibt es oft Apfel- und Apfelbalsamessig. Das Schöne dabei: Auf den Wiesen wachsen die verschiedensten Obstsorten, von denen jede ihr eigenes markantes Aroma mitbringt. Keine dieser Früchte kommt mit Agro-Chemie in Berührung, denn Streuobstbauern verzichten darauf.

Steht Balsamessig auf der Flasche, spielt die Herstellung eine besondere Rolle. Ein außergewöhnliches Aroma entfalten Essige, die wie „Balsamico Tradizionale" in einem aufwendigen Verfahren entstehen. Da wird der Fruchtsaft zunächst durch Kochen um die Hälfte oder mehr eingedickt, was das Aroma stark intensiviert. Erst dann folgen Vergärung und Reifung – über mehrere Monate oder viele Jahre. Die Holzfässer, in denen der Balsamico lagert, fügen den sich entfaltenden Aromen noch ihre eigene Note hinzu.

Vorbeischauen erwünscht! Viele Produzenten bieten Führungen und Verkostungen an und stellen nicht nur ihre Essige vor, sondern auch, wie sie am besten verwendet werden.

Himbeer-Kräuter-Essig

Ausgezeichnet für feine Salate und Soßen und für Wildgerichte

- 500 g reife Himbeeren
- 1 Handvoll gemischte Kräuter wie Salbei, Minze und Pfefferminze
- 1/2 Liter Apfelessig

Die Himbeeren sorgfältig verlesen, es dürfen nur einwandfreie und ungespritzte Früchte sein, nicht waschen. Die Beeren in ein bauchiges Gefäß oder eine Flasche geben, den Apfelessig und die Kräuter dazugeben. Verschließen und auf die Fensterbank in die Sonne stellen. Jeden Tag 1x schütteln. Etwa 3 Wochen ziehen lassen, bis die Früchte ihre Farbe verloren haben. Anschließend filtern und in eine dunkle Flasche geben, kühl aufbewahren.

Vanille-Ingwer-Essig

- 1 Vanilleschote
- etwas frischer Ingwer
- 1/4 Liter Apfelessig

Die Vanillestange längs aufschneiden und halbieren. Die Ingwerwurzel schälen und in dünne Scheiben schneiden. Die Vanille und den Ingwer in ein Glas geben und den Essig darübergießen. Das Glas verschließen. Den Essig etwa vier Wochen aromatisieren lassen, dabei häufiger schütteln oder schwenken. Danach den Essig durch Filterpapier abseihen, in eine saubere Flasche füllen und diese gut verschließen.

Holunder-Essig

- 300 ml heller Apfelessig
- 250 g Holunderbeeren
- 150 g Zucker
- 1 Vanilleschote

Den Apfelessig mit dem Zucker erwärmen, bis der Zucker sich vollständig aufgelöst hat. Dann die gewaschenen Holunderbeeren und die ausgeschabte Vanilleschote dazugeben und etwa eine Viertelstunde köcheln lassen. Immer wieder mal rühren, damit die Beeren platzen und Saft und Farbe an den Essig abgeben. Anschließend die Vanilleschote herausnehmen, den Rest durch ein Tuch filtern und am besten noch heiß in Flaschen füllen.

Mit diesem Rezept kann auch phantastischer Johannisbeeren-Essig hergestellt werden ...

Öl gehört in jede Küche. Und zwar nicht nur eine Flasche. Während das eine sich bestens zum Braten eignet, harmoniert ein anderes ungewöhnlich gut mit diesem oder jenem kalten Salat. Der Blick aufs Etikett verrät meist schon, ob und wie ein Öl erhitzt werden darf.

Beim Aroma gestaltet sich die Sache schwieriger: Auf der Suche nach dem passenden Tropfen helfen oft nur gute Rezepte, ein geschulter Gaumen oder Tipps von Freunden. Wer einmal einen Feldsalat mit Leinöl und einen mit Walnussöl probiert hat, der weiß, wie verschieden das schmeckt. Natürlich zählt auch die Herstellung: Wo wachsen die Pflanzen? Wie werden sie verarbeitet? Da ist Rapsöl noch lange nicht gleich Rapsöl.

In kalt gepressten und nativen Ölen stecken Aromen und ordentlich Kraft, weil sie besonders schonend hergestellt werden. Bei ihren raffinierten Verwandten fehlen hingegen die meisten wertvollen Inhaltsstoffe, denn sie werden bei über 100 °C heiß gepresst und durch Raffination weiter aufbereitet. Diese Öle sind von neutralem Geschmack, haltbar und hitzebeständig, ideal zum Beispiel fürs Braten. Die heikleren, aber vollmundigen kalt gepressten Öle entfalten ihre feine Wirkung vor allem in der kalten Küche oder auch beim Dünsten. Egal welches Öl, beim Erhitzen gilt immer: Sobald es in der Pfanne zu rauchen beginnt, können Sie es wegwerfen.

Der Spitzenreiter in deutschen Küchen ist das Olivenöl. Was aber viele nicht wissen: Auch heimische Öle finden immer mehr Anhänger. Lein, Leindotter, Hanf und Raps – kleine und mittelständische Ölmühlen der Region verhelfen alten, traditionellen Nutzpflanzen zu neuen Ehren und zu einem unwiderstehlich guten Geschmack.

Allgäuer-Öl mit Allgäuer Kräutern

- 3 Knoblauchzehen
- 1 getrockneter Zweig Rosmarin
- 3 kleine Lorbeerblätter
- 2 EL getrocknete Allgäuer Kräuter
- 1 EL schwarze Pfefferkörner
- 1 EL weiße Pfefferkörner
- 2 Chilischoten
- 1/2 Liter Rapsöl

Den Knoblauch schälen und vierteln. Den Knoblauch, die Kräuter, den Pfeffer und die Chilischoten in die Flasche füllen. Mit dem Öl aufgießen.
Das Kräuteröl etwa eine Woche ziehen lassen, dann durch ein feines Sieb gießen, in eine dunkle Flasche füllen und gut verschließen.
Haltbarkeit: ca. vier Monate, wenn es kühl und dunkel, jedoch nicht im Kühlschrank aufbewahrt wird.

Vorbereitung der Flasche:
Die Flasche zuerst gründlich ab- und ausspülen. In einen großen Topf legen, mit heißem Wasser bedecken und dieses zum Kochen bringen. Die Flasche ca. 5 Minuten darin belassen. Flasche aus dem Wasser nehmen, auf einem Küchenpapier abtropfen lassen und danach sofort befüllen.

Kräuter-Öl

- 1/2 Liter kalt gepresstes Rapsöl
- 1 Zweig Rosmarin
- 8 Zweige Thymian
- 2 Knoblauchzehen
- 1 getrocknete Chilischote

Die Gartenkräuter waschen, alles Unschöne entfernen, gut trocknen lassen (ca. 12 Std.). Den Knoblauch schälen und klein schneiden. Die Kräuter und den Knoblauch in eine Flasche füllen und mit dem Öl auffüllen bis alle Zutaten bedeckt sind.

Das Würzöl vor dem Gebrauch eine Woche durchziehen lassen. Haltbarkeit: ca. vier Monate, wenn es kühl und dunkel, jedoch nicht im Kühlschrank aufbewahrt wird.

Weißes

Gold

Noch bis ins 19. Jahrhundert galt Salz als Weißes Gold, heute ist es schon für wenige Cent zu haben. Einst wurde Salz mit Edelsteinen aufgewogen, inzwischen steckt es in fast jedem Lebensmittel. Doch der niedrige Preis sollte es nicht zur Selbstverständlichkeit machen. Im Gegenteil, es lohnt sich, das Salz in der Suppe zu hinterfragen, das beliebte Würzmittel genauer zu betrachten.

Gutes Essen braucht Salz, aber in Maßen. Deshalb der Tipp: Salzen Sie behutsam! Nur zu oft gewöhnen sich unsere Zungen an überwürzte Genüsse: Manche Wurst, fast alle Chips, zahlreiche Fertiggerichte und viele weitere Speisen sind so stark gesalzen, dass wir andere wesentliche Aromen und Nuancen überhaupt nicht mehr wahrnehmen. Schade! Deshalb bitte mit wenig anfangen und einfach einmal schauen, was außer dem Salz die Zunge umspielt.

Wenn Sie die unverfälschte, naturnahe Küche lieben, dann greifen Sie zu Meer- oder Steinsalz. Da steckt oft mehr drin als NaCl (Natriumchlorid). Das Tafelsalz, das es üblicherweise im Laden gibt, ist ein hoch gereinigtes, raffiniertes Produkt, dem Inhaltsstoffe wie Mineralien und Spurenelemente meistens fehlen. Anders bei Stein- und Meersalz: Aus Steinsalz gewonnenes Speisesalz enthält oft noch geringe Mengen an Calcium, Phosphor und Magnesium.

Wie wär's mit einem Geschmackstest? Der überrascht Sie garantiert. Machen Sie den Salzvergleich und schulen Sie Ihre Zunge für die feinen Unterschiede! Der einzige Haken: Salz kommt nicht aus dieser Gegend. Immerhin führen berühmte alte Handelsrouten hindurch, wie von Tirol an den Bodensee, doch eigene Vorkommen sind hier nicht zu finden.

Obst

Süße Versuchung

Ein frischer Apfel, eine vollrote Erdbeere – kaum etwas ist so sinnlich aufgeladen wie Obst. Und das seit Tausenden von Jahren. Schon Adam und Eva im Paradies konnten der Verlockung nicht widerstehen. Doch die Frage nach der Frucht der Sünde lässt sich selbst in den Gärten am Bodensee nicht klären: Apfel, Traube oder Feige? Mit biblischen Früchten wartet die Region einfach gern auf. Ebenso mit üppiger Fülle. Auch Zwetschgen, Mirabellen, Kirschen, die verschiedensten Beeren und Birnen gedeihen so zuverlässig, dass Obstliebhaber das ganze Jahr über fruchtig genießen können. Bei der Pflege dieses Reichtums stehen die Bauern in regem Austausch, zugleich hat die Forschung hier ihren Platz. Zum Beispiel das KOB (Kompetenzzentrum Obstbau-Bodensee): Es zählt allein im Bodenseeraum 640 Apfel- und Birnensorten, eine schöpferische Vielfalt, die schon vor dem Biss in die Frucht bedeutende Erkenntnis bringt. Robuste Sorten, vollkommene Früchte, verbesserter Anbau, das alles sind Kernpunkte des gemeinsamen Schaffens. Die Evas und Adams von heute freut's, denn für sie gibt es herrliches Obst ohne Reue. Aus einer Landschaft, die ohnehin oft wie ein einziger Garten Eden erscheint. Da lockt nur allzu leicht die Lust an der Sünde: fruchtige Kuchen voller Kalorien, süße Desserts aus knackiger Ernte, Himbeergeist und Schlehenfeuer, dazu all die anderen feinen Sachen, die durch Obst noch unwiderstehlicher werden. Was dabei ständig überrascht, sind die vielen Möglichkeiten, wie Früchte auf der Zunge zergehen. Von süß bis scharf, von geeist bis flambiert, als Hauptakteur oder als Nebendarsteller, mal angepasst, mal eigenwillig verleiten sie stets von Neuem zum Probieren.

Wohl jeder hat sie schon gesehen: diese knorrigen alten Obstbäume inmitten einer Wiese, die ihre Äste ausladend in alle Richtungen strecken, dazwischen auch jüngere, kleinere Stämme. Was Streuobstwiesen noch ausmacht, erzählt Dieter Brdiczka vom BUND Konstanz im Interview.

Herr Brdiczka, was genau ist Streuobst?

Woher das Wort kommt, ist nicht sicher. Wahrscheinlich bedeutet „Streuen", dass die Bäume verstreut stehen und nicht in Reihen wie beim Plantagenobst. Sicher kennen Sie diese Obstwiesen: ein Baum hier, einer dort. Bei diesen Hochstammbäumen hält man große Abstände ein. „Hochstamm" deshalb, weil sie übermannshoch sind und für die Arbeiten in der Krone eine Leiter gebraucht wird. Auch dieser aufwendigen Baumpflege wegen wurden Landwirte jahrzehntelang durch Prämienzahlungen zur Rodung solcher Bäume ermuntert.

Heute weiß man, wie wichtig diese Wiesen sind?

Streuobstwiesen sind für mich ein gutes Beispiel dafür, dass der Mensch in Einklang mit der Natur arbeiten, leben und wirtschaften kann. Das hat verschiedene Gründe. Bei modernen Obstplantagen stehen die Bäume dicht an dicht und es soll möglichst kein Gras dazwischen aufkommen. Zum einen bedeutet es Konkurrenz für den Baum, weil Gras selbst viele Nährstoffe zieht, zum anderen siedeln dazwischen gern Wühlmäuse. Aber nur wenige Bauern machen sich die Arbeit, das Gras mechanisch zu bekämpfen, die meisten greifen zur Giftspritze.
Anders bei den Streuobstwiesen, da zählt keine Turbo-Landwirtschaft. Nach zehn Jahren ist ein Hochstamm groß genug und man braucht sich keine Sorgen mehr zu machen wegen der Mäuse. Das Gras ist hier sogar gewünscht. Traditionell sprechen wir von Zweinutzungswiesen: oben Obst, unten Gras. Die Bauern mähen es und geben es ihren Rindern zu fressen oder sie lassen es von den Tieren abweiden. So werden dem Boden Nährstoffe entzogen und Wiesenblumen können sich entfalten.
Und denken Sie an die Bienen! Heutzutage finden die nach der Obstblüte im Frühjahr kaum noch Nahrung. Bei den Streuobstwiesen folgt aber diese vielfältige Wiesenblüte, und die tut nicht nur den Bienen gut: Durch die Bestäubung vermehren sich auch Pflanzen und so entsteht eine Vielfalt, die ihrerseits weitere Vielfalt anzieht. Mehr als 5.000 Arten, Pflanzen und Tiere, hat man auf Streuobstwiesen gezählt! Eine Kulturlandschaft, die ihresgleichen sucht.

Warum engagieren Sie sich dafür?

Wenn die Landschaft nicht zerstört werden soll, muss man etwas tun. Nicht nur reden. Ich habe mit der Pflege einer Wiese angefangen und bin dann nach und nach hineingewachsen. Nehmen Sie zum Beispiel den Gravensteiner Apfel oder den Jakob Fischer. Die haben ein gutes Aroma und sind schon im September genussreif, aber sie halten nur bis Ende Oktober. Das ist nichts für den Supermarkt. Deshalb machen wir vom BUND Lobby-Arbeit für solche Äpfel: beim Stadtkinderfest oder indem wir Eltern und Kinder zum Pflücken auf unsere Streuobstwiesen einladen. Mit der Naturkindergruppe einer Grundschule gehen wir ganzjährig auf die Wiesen, und in der Erntezeit sammeln wir Kirschen und Äpfel als Nachtisch zum Mittagessen oder für die Pausen.
Durch unsere Arbeit erreichen wir, dass das Interesse der Leute wächst, und das ist schön. Dennoch tut es mir immer wieder leid, rundum Wiesen vergammeln zu sehen. Sie werden einfach nicht gepflegt. Für uns heißt das: am Ball bleiben und noch mehr Menschen begeistern.

suchen ihresgleichen

- 100 g Zucker
- 100 ml Wasser
- 2 Limetten
- 5 cl Bodensee-Obstler
- Most
- etwas Limettensaft
- 1 TL brauner Zucker
- Eis (Crushed Ice)
- Minze

Wasser mit Zucker zu einem Läuterzucker kochen, diesen kann man in einem Glas im Kühlschrank gut aufheben. Die Limetten vierteln, über einem Glas ausdrücken und mit dem Stößel im Glas noch mal ausdrücken. Etwas braunen Zucker und den Zuckersirup hinzufügen, den Obstler aufgießen und gut umrühren. Glas mit Crushed Ice auffüllen und evtl. noch etwas Limettensaft dazugeben. Mit Most auffüllen und erneut gut umrühren. Mit Minze dekorieren und mit Strohhalm servieren.

MOSCHTpirinha

Eingemachtes Kalbfleisch mit Most

- 800 g Kalbfleisch vom PrimaKalb zum Schmoren (Schulter), grob gewürfelt
- Zwiebel(n), fein gewürfelt
- Karotte(n), fein gewürfelt
- 1/2 Stange Lauch, in feine Ringe geschnitten
- 1 Stück Knollensellerie, fein gewürfelt
- 1 Lorbeerblatt
- 1 Nelke
- 1/4 Liter Kalbsfond oder Brühe
- 1/4 Liter Most (Menge hängt davon ab, ob man weniger oder mehr Soße möchte)
- 1/4 Liter Sahne
- 1 Eigelb
- etwas Mehl - Butter zum Binden
- je 1 Prise Salz und Pfeffer
- 3 EL Butterschmalz, zum Anbraten
- 1 Prise Zucker

Fleischwürfel in heißem Butterschmalz portionsweise rundum hell anbraten, aus dem Topf nehmen.
Im restlichen Fett Zwiebel, Karotte, Lauch und Sellerie anschwitzen.
Das Fleisch wieder dazugeben, mit Fond und Most ablöschen, Lorbeerblatt und Nelke dazugeben. Auf kleiner Hitze bei geschlossenem Deckel ca. 45–60 Minuten schmoren lassen, bis das Fleisch schön zart ist. Lorbeerblatt und Nelke entfernen, Sahne dazugeben, etwas einkochen lassen, dann evtl. mit etwas Mehlbutter binden. Mit Eigelb und Sahne abbinden, mit Salz, Pfeffer und Zucker abschmecken. Die Soße soll schön säuerlich schmecken.
Dazu passen breite Bandnudeln, in Butter geschwenkt oder hausgemachte Spätzle.

Der Name kommt daher, dass man dieses Ragout im Badischen früher in Weckgläsern eingekocht, also eingemacht hat, und so gerade für größere Gesellschaften schnell ein feines Festessen parat hatte. In vielen Familien gehört eingemachtes Kalbfleisch zum Hochzeitsessen einfach dazu.

Erdbeeren-Quark-Mousse

- 350 g Erdbeeren
- 250 g Magerquark
- 50 ml Erdbeer-Sirup
- 4 EL Zucker
- 300 ml Sahne
- 4 Blatt weiße Gelatine
- 50 g Schokoladenraspel

Gelatine in kaltem Wasser einweichen. Quark, Erdbeersirup und Zucker verrühren. Erdbeeren waschen, putzen, trocken tupfen.
250 g Früchte pürieren und unter die Quarkmasse ziehen.
Gelatine bei milder Temperatur auflösen, mit einem Schneebesen unter den Erdbeerquark ziehen. Sahne steif schlagen und unterheben.
Erdbeer-Quark-Mousse in eine Form füllen und im Kühlschrank mehrere Stunden fest werden lassen. Creme mit den übrigen Erdbeeren garnieren und mit geraspelter Schokolade bestreuen.

Erdbeersülze mit Rhabarberschaum

- 500 g Erdbeeren
- 6 Blatt Gelatine
- 1/4 l Apfelsaft
- 2 cl Edelbrand
- 2 cl Zitronensaft

Erdbeeren waschen. 4 Erdbeeren zum Garnieren zur Seite legen. Die restlichen Erdbeeren in schöne Stücke schneiden und in eine Terrinen-Form geben.
6 Blatt Gelatine in kaltem Wasser einweichen. Apfelsaft erhitzen und Zitronensaft sowie Edelbrand dazugeben, die Gelatine darin auflösen. Restliche Erdbeeren schneiden und in die Form geben. Saft über die Erdbeeren geben. In den Kühlschrank stellen.
Vor dem Anrichten Rhabarbersaft mit einem Schneebesen schaumig schlagen und auf die Erdbeer-Sülze geben.

Erdbeer-Zabaione

- 250 g Erdbeeren
- 1 Ei
- 2 Eigelb
- 50 g Zucker
- 3 cl Cox-Orange-Edelbrand
- 1 TL Zitronensaft
- 1 TL gehackte Haselnüsse
- Zitronenmelisse

Erdbeeren waschen, putzen, in Scheiben schneiden. Einige beiseitelegen. Ei, Eigelb, Zucker und Cox-Orange-Edelbrand gut verrühren, mit dem Schneebesen im heißem Wasserbad dickschaumig schlagen, mit Zitronensaft abschmecken.
Die Erdbeeren auf Schälchen verteilen, Zabaione darübergeben. Mit Erdbeeren, Haselnuss und Zitronenmelisse verzieren.

39

Rippchen vom Kalb
in scharfer, fruchtiger Marinade

- 2 kg Rippchen vom Kalb,
  in 8 Stücke geteilt

Für die Soße:
- 2 grob gewürfelte Zwiebeln
- 150 g Aprikosenmarmelade
- 3 EL Tomatenketchup
- 50 g Zucker
- 50 ml Apfelessig
- 30 ml Worcestershiresoße
- 1 TL Paprikapulver
- 1 TL mittelscharfer Senf
- 1/4 TL Tabasco
- frisch gemahlener Pfeffer
- Salz, aus der Mühle
- 1 geachtelte Zitrone
- 5 frische Aprikosen

Die Zutaten für die Soße vermischen und 15 Minuten auf kleiner Flamme köcheln lassen. Danach mit dem Mixstab passieren. Die Rippchen mit der Soße überziehen und für ca. 1,5 Stunden marinieren. Auf einem Blech in den vorgeheizten Ofen bei 175 °C Umluft geben, bis die Rippchen schön kross sind und den gewünschten Bräunungsgrad erreicht haben (je nach Dicke der Kalbsrippchen kann die Garzeit variieren). Zwischendurch einmal wenden und gegebenenfalls mit der Soße vom Blech wieder bestreichen.

Wunderbar können die Rippchen auch auf einem Grill zubereitet werden. Dann sollten die Rippchen zuvor eine halbe Stunde in Brühe vorgekocht werden, so werden sie besonders zart. Nach dem Vorkochen die Rippchen einfach trocken tupfen und wie oben beschrieben fortfahren.

Sehr gut passen dazu Stangenweißbrot und ein sommerlicher Salat.

Traubenkompott an Suser-Sabayon mit LandZunge-Vanilleeis und Kürbisöl

- 1 Vollei
- 1 Eigelb
- 60 g Zucker
- 1/8 Liter Suser
- 20 g Zucker
- 100 g weiße Trauben
- 100 g blaue Trauben
- Vanilleeis
- Kürbiskern-Öl
- Chilifäden

Den Zucker karamellisieren lassen und mit dem Suser ablöschen, nun kurz die Trauben darin dünsten.
Das Eigelb und das Vollei mit dem Zucker und Suser in einer Schüssel über Wasserdampf warm aufschlagen.
Die Trauben auf einem Teller in der Mitte anrichten und mit Sabayon begießen. In die Mitte nun eine Kugel Vanilleeis setzen und leicht mit Kürbiskern-Öl beträufeln. Mit Chilifäden ausdekorieren und servieren.

Gemüse

Von Kraut und Rüben

Egal zu welcher Jahreszeit Sie hier an die Gemüse-Regale treten: sie bereiten Ihnen ständig die Qual der Wahl. Von A wie Aubergine bis Z wie Zwiebeln locken da heimische Wurzeln und Knollen, Köpfe, Zehen, Blätter und Früchte. Herzhaft und knackig sind sie allemal, denn weit zu reisen brauchten sie nicht. Die meisten kommen vom Bodensee, weil sich vor allem dort findige Bauern auf Gemüse spezialisiert haben – auf den Äckern und in hoch modernen Gewächshäusern. Auch ihre Kühlräume und Lager haben sie so fortschrittlich entwickelt, dass sich für viele Sorten die Saison verlängert.

Findig meint aber nicht nur, dass die Landwirte sich in Anbau und Lagerung auskennen. Sie tüfteln auch gern an Neuem. Wenn die Menschen hier sich etwas in den Kopf setzen, dann lässt sie der Gedanke nicht mehr los. So kommt es, dass Sie in den Regio-Regalen ausgefallene Sachen wie etwa Shiitake-Pilze und Kräuter-Saitlinge finden, und das in Bio-Qualität. Mit Ihrem Tomatenkauf können Sie sogar die Welt verbessern. Denn diese stammen, wie manch anderes Gemüse, oft von landwirtschaftlichen Betrieben, die jungen Menschen aus sozial schwierigen Situationen beim Start in ein selbstbestimmtes Leben helfen. Zum Beispiel vom Pestalozzi-Kinderdorf in Wahlwies.

Im Frühjahr kann es beim Gemüse-Kauf mitunter richtig sexy zugehen, wenn der Spargel vom Lechgebiet mit seinen aphrodisierenden Kräften lockt. Der Herbst hingegen zeigt sich ruhiger und gemütlich. Da stehen an jeder Ecke Kartoffel-Kisten und Kürbis-Berge, wo Sie sich jenseits aller Öffnungszeiten die dicksten Dinger aussuchen können. Mit diesem Kochbuch zaubern Sie natürlich auch daraus ein die Sinne betörendes Fest…

Dialog von Rote-Bete- und Bergkäsesuppe

- 100 g Eisbein
- 200 g Rote Beete
- 100 g Bergkäse, gerieben
- 300 g Kartoffeln
- 3/4 Liter Hühnerbrühe
- 250 ml Sahne
- 2 kleine Schalotten
- 80 g Butter
- 40 g Schmand
- Salz und Pfeffer aus der Mühle
- gehackte Petersilie

Die Geflügelbrühe und Sahne aufsetzen und etwas einkochen. Währenddessen in zwei Töpfen in der Butter die klein geschnittenen Schalotten anschwitzen. In einem Topf die gekochte und geschälte Rote Bete und die Hälfte der Kartoffeln klein geschnitten zufügen und kurz mitdünsten; in einem anderen Kochtopf die restlichen Kartoffeln. Dann jeweils die Cremebrühe eingießen, einige Minuten durchkochen und mit dem Stabmixer durchmixen. Schmand zufügen. In die Bergkäsesuppe nun den geriebenen Bergkäse geben. Die Suppen wieder unter ständigem Rühren erhitzen und dicklich werden lassen, aber nicht mehr kochen. Die kalte gewürfelte Butter mit dem Stabmixer einschlagen und gut abschmecken. Eisbein in Würfel schneiden, kurz in der heißen Pfanne anschwitzen und mit Petersilie durchschwenken. Nun die Suppen in die vorgewärmten Suppenteller gießen und die Eisbeincroutons daraufstreuen. Zu dieser Suppe serviert man am besten Kürbiskern-Semmel.

Kürbiseintopf mit Weideochsenfleisch

- 500 g Suppenfleisch vom Weidochs
- 50 g Butterschmalz
- 3 Zwiebeln
- 1/2 Liter Fleischbrühe
- 2 Lorbeerblätter
- 1/4 Liter trockenen Bodensee-Weißwein
- 60 g Linsen
- 500 g mehlige Kartoffeln
- 250 g Kürbis
- 120 g Rosenkohl
- 1 Zweig Thymian
- 1 Zweig Liebstöckel
- Salz und Pfeffer aus der Mühle
- 2 EL Schnittlauch, in Röllchen
- 1 EL Kürbiskerne, geröstet

Das Ochsenfleisch in mundgerechte Würfel schneiden und im heißen Butterschmalz mit in Streifen geschnittenen Zwiebeln anbraten. Mit je einem 1/8 l Brühe und Weißwein ablöschen und bei geringer Hitze mit 2 Lorbeerblättern zugedeckt 45 Min. köcheln.

In der Zwischenzeit die Kartoffeln und den Kürbis schälen und würfeln, den Rosenkohl putzen und schneiden, die Linsen waschen und alles nach 45 Min. zum Fleisch geben und die restliche Flüssigkeit angießen. Die Kräuter dazugeben und zugedeckt noch ca. 30 Min. weitergaren. Mit Salz und Pfeffer abschmecken und mit Schnittlauchröllchen und gerösteten Kürbiskernen bestreuen. Wer möchte, beträufelt den Eintopf mit feinem Kürbiskern-Öl.

Gute alte Rinderbrühe mit Kürbiskernstrudel und Kürbis

- 500 g Suppenrolle
- 3-4 Markknochen
- 2 Zwiebeln
- 1 Stange Lauch
- 1 kleine Sellerieknolle
- 2 Karotten
- 1 Petersilienwurzel
- 2 Lorbeerblätter
- Pfefferkörner
- Piment
- Wacholder
- Salz
- 125 g Mehl
- Salz
- 2 Eier
- 200 ml kalte Milch
- 50 g geröstete Kürbiskerne
- 250 g frisches Rinderbrät
- Muskat
- Pfeffer
- 30 g Butter
- 120 g Kürbis, geschält, gewürfelt
- etwas Schnittlauch

Zwiebeln halbieren. Einen großen Suppentopf erhitzen (ohne Fett). Zwiebelhälften mit den Schnittflächen nach unten in den Topf geben und rösten, bis sie braun sind. Dann Suppenfleisch und die Markknochen dazugeben. Gemüse klein schneiden und darüber verteilen. Mit Wasser auffüllen. Gewürze und Salz hinzufügen.
1,5 Stunden im offenen Topf köcheln lassen, dabei wiederholt den sich bildenden Schaum abschöpfen. Das Fleisch sollte von Wasser bedeckt sein. Wenn nötig, etwas heißes Wasser hinzugießen. 30 Minuten vor Ende der Garzeit das Fleisch aus der Brühe nehmen, die Brühe durch ein Sieb in einen anderen Topf gießen und das gekochte Gemüse mit einem Löffelrücken leicht ausdrücken, sodass der Gemüsesaft in die Brühe gelangt. Das Fleisch danach fertig garen.
Das Fleisch in Würfeln als Suppeneinlage klein schneiden; in die Brühe geben und lecker abschmecken.

Aus Eiern, Salz, Mehl und Milch einen Pfannkuchenteig herstellen, mit den gerösteten und gehackten Kürbiskernen mischen und daraus ca. 4-5 Pfannkuchen in der Pfanne mit etwas Fett ausbacken. Brät mit etwas Muskat und Pfeffer (ungewürztes zusätzlich mit Salz) würzen. Auf die Kürbis-Pfannkuchen verstreichen, diese fest einrollen und in gebutterte Alufolie einwickeln. Nun in einem Topf mit siedendem Wasser ca. 10 Min. gar ziehen lassen und danach ganz abkühlen. Dann die Pfannkuchenstrudel vorsichtig in Scheiben schneiden und in die heiße Brühe geben. Mit in Butter geschwenkten Kürbiswürfeln und Kernen sowie geschnittenem Schnittlauch anrichten und servieren.

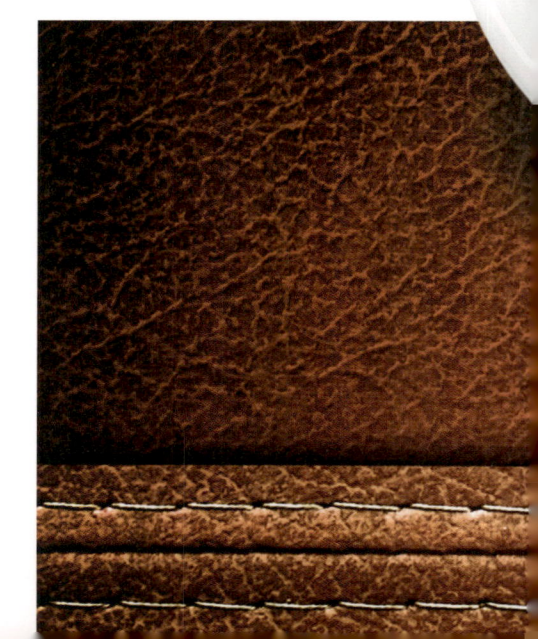

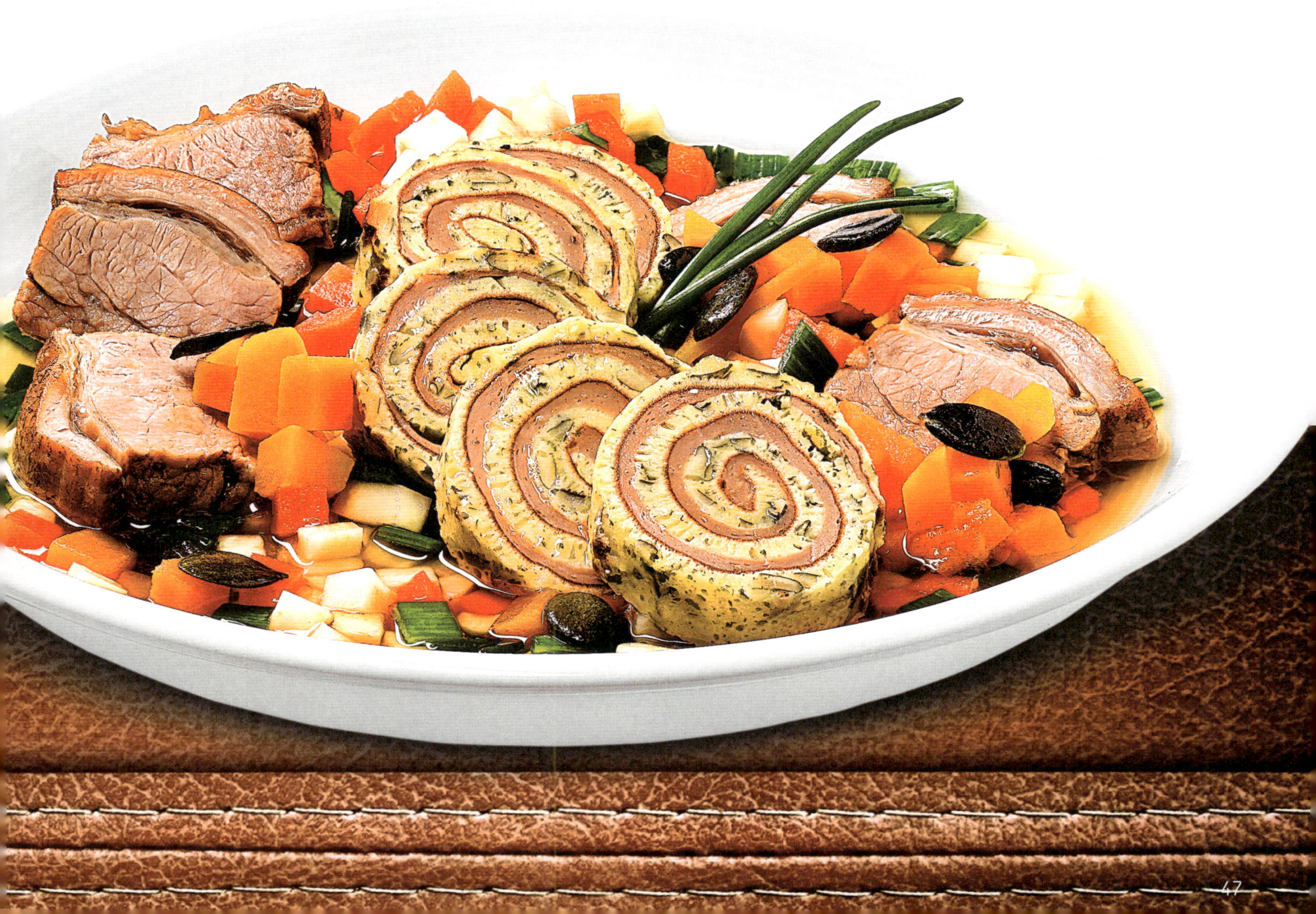

Allgäuer Saltimbocca vom Schwein mit Kürbis-Spaghetti

- 4 Schweineschnitzel
- 8 Scheiben Allgäuer Bauernschinken
- 24 Blätter Salbei
- 4 EL Butter
- 200 ml Marsala oder Portwein
- Salz und schwarzer Pfeffer, frisch gemahlen
- 160 g Spaghetti
- 1/2 Kürbis
- 20 g Kürbiskerne
- 2 TL Brühe
- 2 EL Honig
- etwas Rapsöl

Die Spaghetti wie gewohnt abkochen. Die Schweineschnitzel halbieren und zwischen zwei Plastikfolien legen, leicht klopfen. Auf beiden Seiten mit Salz und Pfeffer würzen. Je drei Salbeiblättchen auflegen, je eine Scheibe Allgäuer Bauernschinken um die Schnitzel wickeln und mit Zahnstochern feststecken.

Butter in einer beschichteten Pfanne erhitzen und die Schnitzelchen von beiden Seiten goldbraun anbraten. Marsala oder Portwein hinzugeben und auf sehr kleiner Hitze 15–20 Min. gar ziehen lassen. Kürbis entkernen, schälen und in feine Streifen schneiden oder hobeln. Rapsöl in einer Pfanne erhitzen und die Kürbisstreifen leicht anbraten, dann ein wenig Brühe angießen. Mit Salz und Pfeffer würzen und den Honig hinzufügen. Deckel auflegen und ungefähr 10 Min. auf kleiner Stufe garen lassen. Nun Kürbiskerne zugeben und zum Schluss die gekochten Spaghetti unterheben.

Nach Ende der Garzeit drei bis vier EL von dem Kürbissud in die Schnitzelpfanne geben und unterrühren. Wenn man möchte, kann man die Marsala- oder Portweinsoße mit ganz wenig Mehl leicht binden. Schmeckt aber auch ungebunden hervorragend.

Mit den Kürbisspaghetti servieren.

Schweinekrustenbraten auf Weinbeeren-Sauerkraut

- 1 kg Schweinebraten ohne Knochen mit Schwarte
- 1 Glas vonHier-Sauerkraut
- 100 g Weintrauben
- 150 gewürfelter, durchwachsener Speck
- 2 rote Zwiebeln
- 2 Lorbeerblätter
- 3 Nelken
- 10 Wacholderbeeren
- 250 ml weißer Bodensee-Wein
- Salz und Pfeffer aus der Mühle
- Schweineschmalz zum Fetten der Form

Die Schwarte des Schweinbratens rautenförmig einschneiden, das Fleisch mit Salz und Pfeffer würzen und zur Seite stellen. Einen ofenfesten Bräter mit Schweineschmalz ausfetten und die Hälfte des Sauerkrautes hineingeben. Mit etwas Salz und Pfeffer würzen, mit den Speckwürfeln und den einzelnen Weintrauben bestreuen. Nun die zweite Hälfte des Sauerkrautes darüber verteilen und noch einmal leicht würzen, wenig Salz, da der Speck ja auch gesalzen ist und damit das Sauerkraut würzt. Die Lorbeerblätter mit den Nelken auf die Zwiebel stecken und mit den Wacholderbeeren auf das Sauerkraut legen.

Den vorbereiteten Krustenbraten mit der Schwarte nach oben aufs Kraut legen. Den Weißwein angießen, den Bräter zudecken und in den kalten Ofen stellen.
Bei 200 °C zwei Stunden braten. Nach 1,5 Stunden den Deckel abnehmen und die Kruste noch knusprig und schön braun werden lassen.
Dazu passt sehr gut ein Kartoffelpüree ...

Spargel

Die Königin der Gemüse

1

Spargel schälen: Das untere Ende abschneiden und die Stangen mit einem Sparschäler von oben nach unten schälen. Dabei kurz unterm Kopf ansetzen und nach unten hin stärken schälen.
Den geputzten, geschälten Spargel vor dem Zubereiten in kaltes Wasser legen – so wird er nicht trocken.

2

Den Spargel nun bündeln. Am besten mit einem weißen Küchengarn, das man rundherumschnürt.

3

Zum Schluss das umwickelte Garn gut verknoten, damit das Bündel beim Kochen nicht auseinanderfällt.

4

Wenn die Spargelstangen unterschiedlich lang sein sollten, mit einem Messer die Enden auf gleiche Länge schneiden.

5

Nun den Spargel vorsichtig ins kochende, mit Salz, Zucker und etwas Zitrone gewürzte Wasser geben.

Dasselbe in Grün

1

2

1

Grüner Spargel sollte nur dann geschält werden, wenn die Schale sehr dick und unansehnlich ist. In diesem Fall sollte er geschält werden wie der weiße.

2

Normal genügt es, die Stiele abzubrechen und nur das untere Drittel zu schälen.

Spargel

Spargelsud für eine gute Suppe

1

Die abgeschälten, gewaschenen Spargelschalen ergeben – wenn sie ca. 15 Min. ausgekocht werden – eine wunderbare Basis für eine leckere Spargelsuppe.

2

Nach dem Auskochen gibt man die Schalen in ein Haarsieb und drückt mit einem Kochlöffel die Flüssigkeit gut heraus, um nichts zu verschwenden.

1

2

Spargelsuppe mit Vanille

- 500 g weißer Spargel
- 100 g grüner Spargel
- 1 Liter Spargelbrühe
- 1 Vanilleschote
- 250 g Sauerrahm
- 1 EL Mehl
- 1/8 Liter Sahne
- Zitronensaft
- Salz und Pfeffer
- Muskat

Spargel schälen, den grünen nur im unteren Teil, Enden abschneiden. Wasser mit Butter, Salz und Zucker aufkochen, Spargel darin bissfest garen, herausnehmen und kalt abschrecken. Grünen Spargel in Stücke schneiden, vom weißen Spargel die Spitzen abschneiden und für die Einlage beiseitelegen.

Restlichen weißen Spargel in Stücke schneiden, mit der Vanilleschote in die Spargelbrühe geben, so lange kochen, bis der Spargel ganz weich ist. Den Sauerrahm dazugeben und dann fein pürieren. Rahm mit Mehl verrühren und mit der Sahne in die Suppe rühren. Mit Salz, Pfeffer, Zitronensaft und Muskat abschmecken. Die weißen und grünen Spargelstücke in der Suppe erwärmen und anrichten.

Spargel in Vinaigrette

- 1 kg Spargel
- 30 g Butter
- etwas Salz
- 1 Prise Zucker

Für die Vinaigrette:
- Weißer Balsamico
- Sonnenblumenöl
- Pfeffer aus der Mühle
- Salz aus der Mühle
- 1/2 TL Senf
- 1 Zwiebel
- etwas Zucker
- 1/2 Knoblauchzehe
- frische Gartenkräuter
- 1 rote Paprika, gewürfelt

Den Spargel schälen. Spargel in leicht gesalzenem Wasser mit Zucker und einem großzügigen Stück Butter bei mittlerer Hitze kochen lassen. Der Spargel sollte noch leicht bissfest sein und nicht gänzlich durchhängen, wenn man ihn aus dem Wasser hebt.

Zutaten für die Vinaigrette verrühren. Unbedingt milde Zutaten verwenden, sonst lenken diese zu sehr vom Geschmack des Spargels ab. Es sollte eine ausreichende Menge hergestellt werden, sodass der Spargel in einer flachen Form vollständig damit bedeckt ist.

Den noch heißen Spargel in eine flache Form geben. Mit so viel Vinaigrette übergießen, dass er vollständig bedeckt ist. Den abgekühlten Spargel abgedeckt in den Kühlschrank stellen und über Nacht ziehen lassen.

Wenn es schnell gehen soll, kann der Spargel aber auch lauwarm serviert werden.

Spargel-Tomaten-Spätzle-Salat

- 250 g grünen Spargel
- 1 Prise Salz
- 1 Prise Zucker
- 1 TL Butter
- 100 g Feldsalat
- 2 Tomaten
- 1 EL Senf
- 2 EL Apfelessig
- 2 EL Sonnenblumenöl
- 6 Scheiben geräucherter Schinken

Für die Spätzle:
- 250 g Mehl
- 2 Eier
- 1/8 l Mineralwasser
- 1 TL Salz

Vom grünen Spargel nur das untere Drittel schälen und die Enden abschneiden. In kochendem Salzwasser mit Zucker, Salz und Butter ca. 10 Min. kochen.

Spätzle

Aus Mehl, Eiern, Wasser, Salz mit dem Kochlöffel einen ziemlich festen Teig schlagen, so lange, bis sich der Teig von der Schüssel löst.
Einen Topf mit Salzwasser erhitzen und durch einen Spätzlehobel den Teig in den Topf gleiten lassen. Kurz aufkochen lassen, nach ein paar Minuten kalt abspülen und dann abgießen. Gekochte Spätzle in etwas Butter schwenken.

Feldsalat in dickere Streifen schneiden, Spargel in kleine Stücke schneiden, Tomaten würfeln. Senf, Essig, Öl und einen Schuss Wasser glattrühren, mit Salz, Pfeffer und Zucker würzen.
Marinade und alle anderen Zutaten vermischen.
Schinken in Rollen formen, auf den Teller legen und den Spargel-Tomaten-Spätzle-Salat darauf anrichten.

Gratin von grünem und weißem Spargel

- 500 g grüner Spargel
- 500 g weißer Spargel
- 600 g neue Kartoffeln
- 200 g gewürfelter Bauernschinken
- Salz und frisch gemahlener Pfeffer
- etwas Butter für die Auflaufform
- 1/4 Liter Sahne
- 4 Eier
- etwas Muskat
- 120 g geriebener Bergkäse

Den Backofen auf 180 Grad vorheizen, Spargel waschen, den weißen Spargel ganz, beim grünen Spargel nur das untere Drittel schälen, den Spargel in Stücke schneiden und in Salzwasser kurz blanchieren. Die Kartoffeln schälen, waschen und in Scheiben schneiden. Kartoffeln, Spargel und Schinken in eine gebutterte Auflaufform schichten.

Die Sahne mit den Eiern verquirlen, mit Salz, Pfeffer und Muskat würzen, über das Gratin gießen, mit Käse bestreuen und in 30 bis 40 Minuten goldbraun backen.

Gebratener Spargel mit Bärlauch-Spaghetti

- 75 g alter, geriebener Bergkäse
- 75 g gehackte Walnüsse
- 1 Bund Bärlauch
- 1/8 Liter Rapsöl
- Salz und Pfeffer
- 500 g Dinkel-Spaghetti
- 500 g Spargel, grün
- 2 Zwiebeln
- 1 EL Rapsöl
- etwas geriebener Bergkäse

Für das Pesto den Bärlauch waschen, die dicken Stiele abschneiden und klein schneiden. Die Walnüsse in einer Pfanne ohne Fett goldgelb rösten. Den Bärlauch, die Walnüsse und den Bergkäse mit dem Öl fein pürieren. Mit Salz und Pfeffer abschmecken.

Die Dinkel-Spaghetti bissfest kochen. In der Zwischenzeit den Spargel waschen und die Enden am unteren Drittel abschneiden.

Dann die Stangen schräg in ca. 2 cm lange Stücke schneiden. Etwas Rapsöl in einer Pfanne erhitzen und die Spargelstücke darin bei mittlerer Hitze rundum ca. 6 Min. bissfest braten, Zwiebeln dazugeben und etwas salzen.

Die fertigen Spaghetti mit dem Pesto und den Spargelstücken vermischen, auf Tellern anrichten und mit dem geriebenen Bergkäse bestreuen.

Makkaroni mit Spargel und Pfifferlingen

- 500 g Spargel
- 120 g Makkaroni
- 1/2 Bund Lauchzwiebeln
- 200 g frische Pfifferlinge
- 100 g Kochschinken
- 100 g Schmelzkäse
- 1/8 Liter Allgäu-Milch
- Salz und Pfeffer aus der Mühle
- 1 TL Rapsöl
- frische Gartenkräuter

Die Nudeln in Salzwasser mit etwas Rapsöl kochen.

Lauchzwiebeln in Ringe, Schinken in Würfel, Pfifferlinge putzen und waschen. Das Rapsöl in einer beschichteten Pfanne erhitzen, die Lauchzwiebeln, Pilze und den Schinken darin anbraten und ca. 3–4 Min. weiterdünsten.

Die Milch und den Schmelzkäse dazugeben und ca. 8 Min. einkochen lassen. Mit Salz und Pfeffer kräftig abschmecken.

Zum Ende die Nudeln, den Spargel und die Gartenkräuter dazugeben. Das Ganze ziehen lassen und dann genießen.

Spargel-Risotto

- 1,5 kg Spargel
- 400 g Risotto-Reis
- 2 Zwiebeln
- 500 ml Gemüsebrühe
- 200 g gekochter Schinken
- 1 Bund Frühlingszwiebeln
- 50 g alter, geriebener Allgäuer Bergkäse
- 50 g Allgäuer Butter
- 1 Schuss Weißwein
- Salz aus der Mühle
- Zucker
- Pfeffer aus der Mühle

Spargel schälen und in 2 bis 3 cm große Stücke schneiden (dabei die Spargelspitzen in eine extra Schüssel geben). Frühlingszwiebeln waschen und feine Ringe schneiden. Kochschinken in kleine Würfel schneiden. Nun den Spargel (ohne die Spargelspitzen) in wenig Wasser mit Salz und etwas Zucker ca. 12 Min. kochen. Dann die Spargelspitzen dazugeben und weitere 10 Min. kochen. Danach den Spargel abgießen und das Spargelwasser auffangen.

Den Reis und Zwiebelwürfel in etwas Butter anschwitzen. Nach und nach das Spargelwasser und die Gemüsebrühe hinzugeben, immer dann, wenn der Reis die Flüssigkeit komplett aufgenommen hat. Wenn der Reis gar – aber noch bissfest – ist, den Schinken und noch einen Schuss Weißwein hinzugeben. Anschließend den geriebenen Bergkäse unterrühren. Zum Schluss die Spargelstücke und die Frühlingszwiebeln hinzugeben, umrühren und mit Salz und Pfeffer abschmecken. Noch mal kurz erhitzen, damit der Spargel wieder warm wird.

Spargel in Vanillebutter mit Rinderfilet

- 4 Rinderfilets
- etwas Salz und Pfeffer
- 8 Scheiben Bauernschinken
- 1 Vanilleschote
- 50 g Butter
- 250 g Kirschtomaten
- 6 EL Rapsöl
- 1 TL brauner Zucker
- etwas Salz
- 1,5 kg weißer Spargel
- 1 TL Zucker
- 3 EL Butter in Flöckchen
- 1 TL Salz

Den Backofen auf 160 °C vorheizen. Den Spargel schälen und nebeneinander auf ein tiefes Backblech legen. Butterflöckchen darübergeben und mit Salz und Zucker bestreuen. Anschließend mit Alufolie abdecken und im Ofen, mittlere Schiene, je nach Spargelstärke bis zu einer Stunde garen lassen.

Rinderfiletsteaks mit Pfeffer und Salz würzen, mit je einer Scheibe Bauernschinken umwickeln und mit einem Wurstgarn binden. Diese dann in 2 EL Rapsöl erst kurz mit voller Hitze, dann sehr langsam auf mittlerer Hitze bis zum gewünschten Punkt braten.

Die Vanilleschote auskratzen und mit der Butter in einer weiteren Pfanne schmelzen lassen.

Die Tomaten waschen und trocken tupfen und in eine kleine Auflaufform geben. Mit 4 EL Rapsöl einreiben und mit braunem Zucker und Salz bestreuen.

20 Minuten vor Ende der Garzeit des Spargels die Tomaten mit in den Ofen stellen. Den Spargel jetzt portionsweise in der Pfanne mit der Vanillebutter anbraten. Mit den Rinderfilets und den Tomaten anrichten.

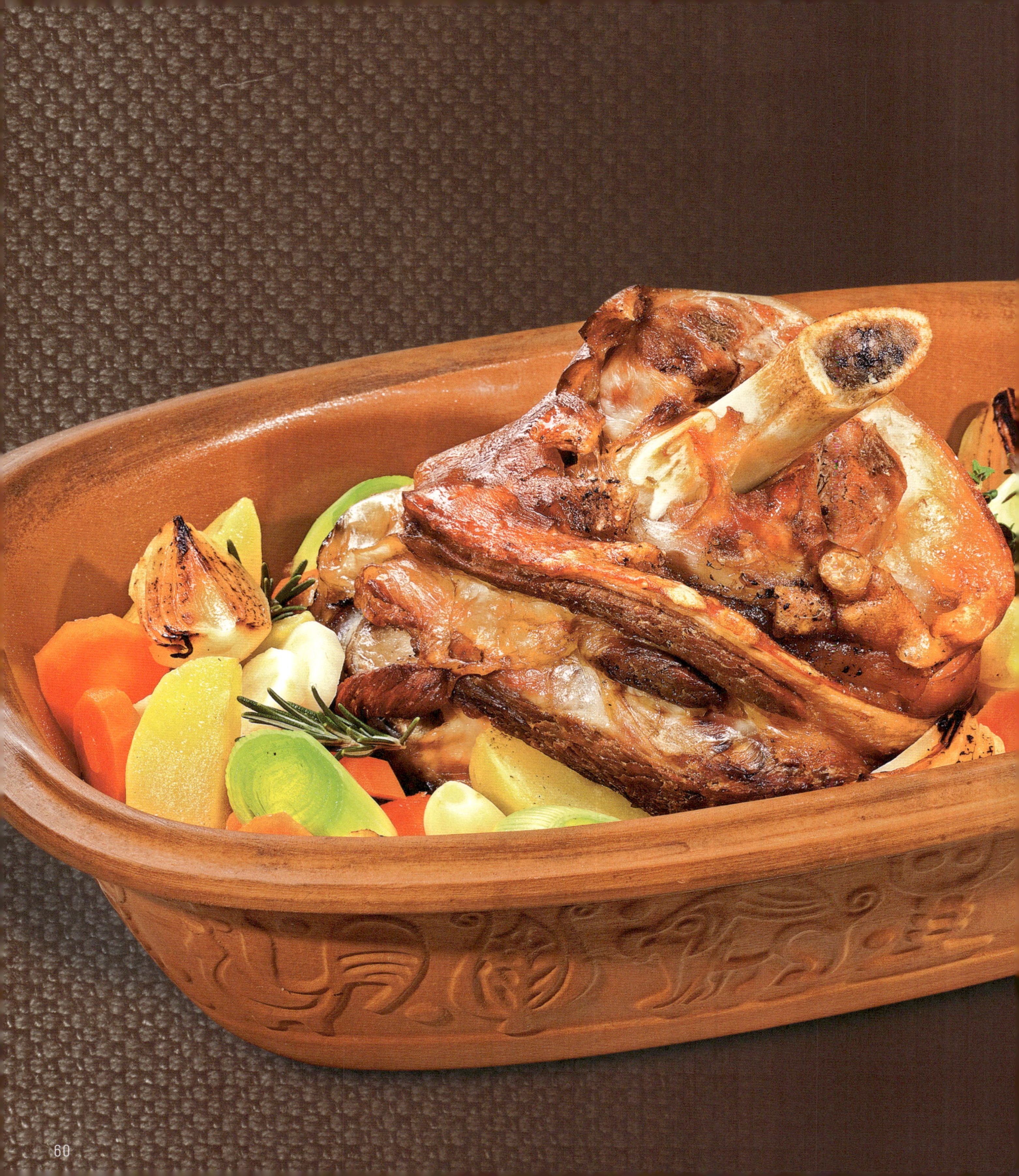

Einfach saugut

Viel zu sagen ist da eigentlich nicht – oder doch eine ganze Menge? Ganz klar: Die Deutschen lieben Schweinefleisch. Jahr für Jahr belegt es Platz 1 unter den meist gegessenen Fleischsorten. Da braucht es nicht mehr viele Worte. Worüber sich allerdings doch noch plaudern lässt, das ist die Vielfalt, in der das Schwein auf deutsche Teller kommt. Vom Kopf bis zum Schwanz wird alles verzehrt. Da gibt es Sülze und Wurst, Kotelett und Braten, Schinken, Eisbein, Speck und mehr.

Dieser kulinarische Reichtum ist kein Wunder, wenn man bedenkt, dass der Mensch das Hausschwein vermutlich seit 9.000 Jahren hält: eine ordentlich lange Zeit, in der einem schon etliche Rezepte einfallen. Doch nicht nur die Speisen erzählen vom Jahrtausende dauernden Miteinander, auch in unserem Sprachgebrauch haben sich Schweinereien niedergeschlagen: Wer hat nicht schon Schwein gehabt? Oder glaubte hin und wieder, sein Schwein pfeift? Wenn's denn irgend eine Sau überhaupt interessiert...

Worauf Sie allerdings achten sollten, das ist die Herkunft „Ihres" Schweines. Die Tiere vertragen keinen Stress und fühlen sich am wohlsten bei artgerechter Haltung. Darauf legen auch hiesige Metzgereien Wert – und bieten zum Beispiel LandSchwein an. Das sind Hausschweine, die regionales Futter erhalten, am besten vom Bauern selbst angebaut. Die Tiere haben genügend Platz und Abwechslung, und sie dürfen weit länger leben als ihre konventionell gehaltenen Artgenossen, sodass ihr Fleisch in Ruhe ausreift. Für unser Kochfest und Sie heißt das einfach: Überwinden Sie den inneren Schweinehund und zaubern Sie ein saugutes Mahl!

Schweinshaxe im Römertopf

- 1 LandSchweinshaxe (ca. 2 kg)
- 2 Zwiebeln
- 4 Karotten
- 4 Petersilienwurzeln
- 8 Kartoffeln
- 1/2 Liter Brühe
- 1/4 Liter Rotwein
- 4 Zweige Rosmarin
- 2 Zweige Majoran
- 2 Zweige Thymian
- 2 Zehen Knoblauch
- Salz und Pfeffer

Die Haxe waschen, trocknen, salzen und pfeffern und die Haut einschneiden. Die Zwiebeln schälen und vierteln. Die Karotten und Petersilienwurzeln ebenfalls schälen und in Scheiben schneiden, nun die Kartoffeln schälen und in Spalten schneiden. Alles zusammen mit der Schweinehaxe und den Gewürzen in den gewässerten Römertopf legen und noch die Brühe und den Wein (sehr gut passt ein kräftiger Bodensee-Rotwein) angießen.

Den Römertopf mit Deckel in den kalten Ofen schieben. Bei 200 °C ca. 2,5 Stunden garen.
Danach die Haxe ohne Deckel noch einmal 30 Min. knusprig braten.
Die Schweinshaxe aus dem Topf nehmen und die Soße passieren, dann mit Ofengemüse und Bayrisch' Kraut servieren.
(Abbildung vorherige Seite)

Panierter Schweinebauch

- 4 Scheiben Schweinebauch
- Salz und Pfeffer aus der Mühle
- Senf
- 30 g Haselnüsse in Scheiben
- 100 g Semmelbrösel
- 30 g Mehl
- 1 Ei
- 1/8 Liter Sahne
- Butterschmalz
- Rapsöl

Zum Panieren:
Drei Schüsseln oder tiefe Teller richten. In die erste das Mehl geben. Danach das Ei mit der Sahne verrühren und in die zweite Schüssel gießen. In der dritten Schüssel das Paniermehl mit einer Prise Salz und den Haselnussscheiben vermischen.

Die Schweinebauchscheiben von Schwarte und Knorpeln befreien, auf beiden Seiten mit etwas Salz und Pfeffer würzen und dünn mit Senf bestreichen. Die gewürzten Schweinebauchscheiben nacheinander in die erste Schüssel mit dem Mehl legen und in diesem wenden. Danach die Schweinebauchscheiben durch die Mischung aus Sahne und Ei ziehen und dann in der Schüssel mit den Bröseln wenden und fest drücken. Die Schweinebauchscheiben hochnehmen und die überschüssigen Brösel abklopfen. Sie sollten jedoch ganz mit dem Paniermehl „umschlossen" sein.

Das Butterschmalz und das Rapsöl in einer Pfanne schmelzen lassen und die Schweinbauchscheiben goldbraun darin braten. Vor dem Servieren die Schweinebauchscheiben auf Küchen-Krepp legen um das überschüssige Fett abtropfen zu lassen. Schweinebauchscheiben auf einen Teller setzen, Zitronen-scheibe dazu und wer mag noch etwas Preiselbeeren. Dazu serviert man gerne Kartoffelsalat mit frischer Salatgurke.

Schweinebraten mit Orangen und Oliven

- 1,5 kg Schweine-Halsbraten
- 5 Knoblauchzehen
- 4 unbehandelte Orangen
- 1 Limone
- 1-2 TL getrockneter Thymian
- 2 EL Allgäuer Honig
- 750 ml Gemüsebrühe
- 200 g grüne Oliven
- Salz und Pfeffer
- evtl. Soßenbinder

Das Fleisch in eine Schüssel geben. 2 Knoblauchzehen schälen und in Scheiben schneiden. 3 Orangen und die Limone auspressen. Alles zum Fleisch geben und mindestens 2 Stunden marinieren.
Den restlichen Knoblauch schälen und durch die Presse drücken. Mit Thymian und Honig mischen.
Das Fleisch aus der Marinade nehmen, salzen, pfeffern und mit der Knoblauch-Thymian-Mischung einreiben. In einen Bräter legen und bei 150 Grad 30 Min. braten. Dann die Marinade und die Gemüsebrühe angießen und weitere 30 Min. braten. Ab und zu mit Bratfond begießen. Nun die Oliven zugeben und weitere 30 Min. garen.
Die verbliebene Orange dick abschälen, in Spalten schneiden. Zum Fleisch geben und nochmals 10 Minuten garen. Dazu servieren wir Gnocchi.

Wem die Soße zu flüssig ist, der kann zusätzlich mit etwas Soßenbinder andicken.

Bärlauch-Lasagne

- 500 g Lasagne-Platten
- 100 g Zwiebeln, in feinen Würfeln
- 400 g Schweine-Hackfleisch
- 1 kleiner Knollensellerie
- 1 Karotte, gewürfelt
- 2 EL Tomatenmark
- 1/2 TL Paprikapulver
- 1/4 Liter Brühe
- 1 TL Majoran
- 1/2 TL Salz
- etwas Pfeffer
- 50 g Butter
- 50 g Mehl
- 1/2 Liter Milch
- 60 ml Sahne
- 150 g Bärlauch, fein geschnitten
- 1 TL Salz
- 2 Prisen Muskat
- 100 g geraspelter Bergkäse
- 20 g Butter
- Fett für die Form

Für das Ragout die Zwiebeln anschwitzen, das Hackfleisch unterrühren und anrösten. Gemüse zugeben, Paprika und Tomatenmark zufügen und ebenfalls anbraten. Mit der Brühe aufgießen und ca. 20 Min. köcheln lassen. Zuletzt mit Majoran, Salz und Pfeffer abschmecken.

Für die Bärlauch-Soße

Butter in einem Topf zergehen lassen, das Mehl einrühren, mit Milch und Sahne aufgießen und gut verrühren, nun gut 15 Min. köcheln lassen. Mit den Gewürzen abschmecken und zum Schluss den fein geschnittenen Bärlauch einrühren.
Eine große, rechteckige Auflaufform fetten. Abwechselnd die Lasagneplatten, das Ragout, die Bärlauchsoße und geriebenen Käse in die Form schichten. Den Abschluss bilden Bärlauchsoße und Bergkäse. Hierauf noch die Butter in kleinen Flöckchen setzen. Bei 200 °C Heißluft, 35–40 Min. backen.
Dazu passt sehr gut ein Frühlingssalat mit frischen Kräutern.

Schweine-Steaks mit Kartoffel-Risotto

- 4 Schweine-Rückensteaks
- 2 EL Butterschmalz
- 2 EL mittelscharfer Senf
- Paprikapulver
- 1/2 Liter Gemüsebrühe
- 1 Zwiebel
- 1 Knoblauchzehe
- 1 kg festkochende Kartoffeln
- 2 EL Butter
- Salz und Pfeffer
- 1 Bund Petersilie
- 50 g geriebener Bergkäse
- etwas Muskat

Die Gemüsebrühe aufkochen lassen. Zwiebel und Knoblauch schälen und fein würfeln. Die Kartoffeln schälen, waschen und in kleine Würfel schneiden.
1 EL Butter in einem Topf erhitzen und die Zwiebel- und Knoblauchwürfel darin glasig andünsten. Die Kartoffeln zufügen, kurz mitbraten und mit Salz und Pfeffer würzen. Dann nach und nach immer wieder Brühe angießen, sodass die Kartoffeln immer knapp bedeckt sind. Insgesamt 15 bis 20 Minuten köcheln lassen. Inzwischen die Petersilie abbrausen, trocken schütteln und hacken. Die Steaks mit einem Küchenkrepp trocken tupfen. Butterschmalz in einer Pfanne erhitzen. Die Steaks dünn mit Senf bestreichen und mit Salz, Pfeffer aus der Mühle und Paprikapulver würzen. Im heißen Fett auf jeder Seite ca. 4 Min. braten.
Petersilie, Bergkäse und die übrige Butter unter die Kartoffeln heben, mit Salz, Pfeffer und Muskat fein abschmecken.
Nun das Kartoffel-Risotto mit den Schweinesteaks servieren.

Karree-Braten asiatisch, auf Linsengemüse

- 1 kg LandSchwein-Karree-Braten
- 3 EL Sonnenblumen-Öl
- 1/2 Liter Fleischbrühe
- 2 EL Sojasoße
- 4 Knoblauchzehen
- 1 Stück frischer Ingwer
- 2 EL Honig
- 2 1/2 TL Sambal Oelek
- 3 EL Sesamöl
- 350 g Linsen
- 1 Liter Wasser
- 1 Zwiebel
- 40 g Butterschmalz
- 20 g Mehl
- Salz und Pfeffer aus der Mühle
- etwas geriebener Ingwer
- etwas Chili
- 1 Lorbeerblatt
- 2 Nelken
- 1 TL Balsamico-Essig
- 1 TL Honig
- 2 TL Sojasoße

Die Knoblauchzehen und den Ingwer schälen und in kleine Würfel schneiden. Mit der Fleischbrühe, der Sojasoße, dem Honig, dem Sambal Oelek und dem Sesamöl in einen Topf geben, aufkochen und für etwa 8 Min. köcheln lassen. Abkühlen lassen und mit dem Mixstab kurz mixen.
Das Fleisch waschen, gut trocken tupfen und in die Marinade legen. Über Nacht im Kühlschrank abgedeckt durchziehen lassen.
Den Schweinebraten dann aus der Marinade nehmen, gut trocken tupfen. Das Sonnenblumen-Öl in einer Kasserol erhitzen, das Fleisch von allen Seiten anbraten. Im nicht vorgeheizten Backofen bei 90 °C Ober-/Unterhitze auf einem Rost (am besten die Fettpfanne unterschieben) etwa 3,5 bis 4 Stunden garen.

Zwischenzeitlich können Sie nun das Linsengemüse schön zubereiten. Linsen, Wasser, klein geschnittene Zwiebel, gewürfelte Knoblauchzehe und Salz in einen Topf geben und zugedeckt langsam weich kochen, ein Lorbeerblatt und 2 Nelken mitkochen. Die Garzeit beträgt ca. 30 bis 45 Min.
Aus dem Butterschmalz und dem Mehl eine Einbrenne herstellen, mit der Linsenbrühe aufgießen und zu den Linsen geben. Noch mal kurz aufkochen und mit den Gewürzen abschmecken. Das Linsengemüse auf einen Teller legen und die Bratenscheiben darauf anrichten.

Dazu schmecken Allgäuer Eier-Knöpfle.

Cordon-bleu-Röllchen auf Rahmwirsing

- 4 Schweineschnitzel
- 4 Scheiben Bauernschinken
- 4 Scheiben Allgäuer Bergkäse
- 2 Eier
- 175 ml vonHier-Sahne
- 80 g Mehl
- 100 g Semmelbrösel
- 70 g Butterschmalz
- 500 g Wirsingkopf
- 100 ml Gemüsefond
- 2 Knoblauchzehen
- 2 Schalotten
- 1 Muskatnuss
- Salz
- Pfeffer, aus der Mühle
- 30 g Preiselbeeren

Die Schweineschnitzel mit einem Plattiereisen flach klopfen. Mit Salz und Pfeffer würzen, je eine Scheibe Schinken und Käse darauflegen und aufrollen. 50 g Sahne leicht schlagen und mit den Eiern verquirlen. Die Röllchen zuerst in Mehl, dann in den Eiern und zuletzt in den Semmelbröseln wenden. In heißem Butterschmalz goldgelb und knusprig ausbacken. Auf Küchenkrepp abtropfen lassen und mit Salz und Pfeffer würzen.

Den Wirsing von den äußeren Blättern befreien, in Streifen schneiden und waschen. Den Kohl anschließend in einer Salatschleuder trockenschleudern. Schalotten und Knoblauch schälen und klein würfeln.

20 g Butterschmalz in einer Pfanne erhitzen, Knoblauch und Schalotten darin anschwitzen. Den Wirsing zugeben und ebenfalls darin anschwitzen, bis er leicht Farbe nimmt. Den Gemüsefond und 1/8 Liter Sahne angießen und alles fünf bis acht Min. köcheln lassen. Mit Salz, Pfeffer und Muskat würzen.

Die Cordon-bleu-Röllchen in Scheiben schneiden und auf dem Wirsing anrichten und Preiselbeeren mit auf den Teller geben. Dazu passen sehr gut Dampfkartoffeln.

Schweinehalssteak in Honigmarinade mit Rhabarber-Erdbeer-Chutney

- 4 Schweinehalssteaks
- 6 EL Sojasoße
- 4 EL Reiswein
- 2 EL Honig, flüssig
- 2 TL Sambal Oelek
- 2 Knoblauchzehen, fein gewürfelt
- 1 Stück Ingwer, fein gewürfelt

Zutaten für das Chutney
- 250 g Rhabarber
- 125 g Erdbeeren
- 200 g Zwiebeln
- 400 g brauner Zucker
- 125 ml Weißweinessig
- 75 ml Apfelessig
- 50 ml Wasser
- 1/2 TL Salz
- Msp. Koriander
- Msp. Nelkenpulver

Die Schweinhalssteaks trocken tupfen. Aus den Zutaten eine Marinade zusammenrühren und das Fleisch zugedeckt mindestens 2-3 Stunden, idealerweise über Nacht, marinieren. Das Fleisch dann gut abtropfen lassen und auf dem heißen Grill ca. 10-15 Min. grillen.
Dazu Folienkartoffel mit Bärlauchquark und Rhabarber-Erdbeer-Chutney.

Rhabarber-Erdbeer-Chutney
Den Rhabarber waschen, schälen und in kleine Stücke schneiden. Die Erdbeeren säubern, entstielen und vierteln. Die Zwiebeln schälen und in kleine Würfel schneiden.
Alles mit Zucker, Essig, Wasser und den Gewürzen unter Rühren zum Kochen bringen und anschließend ca. 60 Min. bei kleiner Hitze unter gelegentlichem Rühren einköcheln lassen.
Das Chutney in heiß ausgespülte Twist-off-Gläser füllen und fest verschließen. Dieses Chutney kann während der gesamten Grillsaison zu Gegrilltem gereicht werden.

Gulasch
Schritt für Schritt

1
2
3
4
5
6
7
8

Eine Frage der Zeit

Gulasch essen heißt Geschichte durchkauen. Aber ein keinesfalls zähes Stück. Das beliebte Schmorgericht lässt sich bis ins Mittelalter zurückverfolgen, in eine Zeit also, in der die Rinderhirten mit ihren Herden durch die weiten Steppen Ungarns streiften. Ihre Kessel hatten sie stets dabei und darin köchelten, während sie die Tiere hüteten oder wenn sie abends Pause machten, vor allem Fleisch und Zwiebeln. Die Rinder dafür konnten ruhig älter sein, denn das stundenlange Schmoren macht jedes Fleisch schön mürbe.

Der Name Gulasch geht auf „gulyás hús", Rinderhirtenfleisch, zurück. Und ein Fleisch der Hirten blieb es recht lange. Bis auch die ungarische Landbevölkerung auf den Geschmack kam und Gulasch große Verbreitung erfuhr. Das ging so weit, dass man es Ende des 18. Jahrhunderts sogar zum Nationalgericht erklärte. Wobei der Einzug in die gehobene Küche nur zögerlich erfolgte. Es brauchte den Umweg über Wien: Nachdem die dortigen Köche das Gulasch entdeckt und verfeinert hatten, holten es die Ungarn als „Pörkölt", Geröstetes, zurück.

So ist „Pörkölt" in Ungarn das, was wir heute unter Gulasch verstehen. Wogegen die Magyaren mit dem Wort Gulasch eine Vielzahl an Eintöpfen meinen. Was allen gemein ist: Das Fleisch gart quasi von allein, einmal angesetzt, braucht es nur wenig Zuwendung. Dadurch wurde Gulasch zu einem Standardgericht des Militärs (der Feldkochherd heißt nicht umsonst auch Gulaschkanone) und genießt noch heute große Beliebtheit. Ein Dauerbrenner in den Wirtshäusern und daheim: Sein Gelingen ist keine Frage von Tempo und Versiertheit, sondern eine von Geduld und Zeit.

1
Das Fleisch schön gleichmäßig würfeln.

2
Gulaschgewürz mit Butter, Zitronenschale, Kümmel, Knoblauch, Paprikapulver mischen und fein hacken.

3
Das Fleisch in einem Bräter mit Butterschmalz gut anbraten.

4
Tomatenmark dazugeben und schön weiterschmoren lassen. Lorbeerblätter hinzufügen.

5
Mit viel Pfeffer aus der Mühle würzen.

6
Mit gutem Rotwein ablöschen. Am besten nimmt man den Rotwein, den man auch zum Essen serviert und trinkt.

7
Mit guter Rinderbrühe aufgießen und schmoren lassen.

8
Kurz vor Schluss die Gulasch-Buttermischung dazugeben und noch einen Schuss Sahne angießen.

Balsamessig-Gulasch

- 1 kg Schulter vom PrimaRind
- 250 g Schalotten
- 5 große Möhren
- 250 g Champignons
- 3 EL Öl
- 2 Lorbeerblätter
- Salz und Pfeffer
- 1 EL Tomatenmark
- 2 EL Mehl
- 5 EL Bodensee-Balsamessig
- Thymian, getrockneter
- 3 EL Schlagsahne
- Gemüsebrühe
- 1/8 Liter Rotwein
- 3/4 Liter Wasser

Die Schalotten und Möhren schälen. Die Champignons werden geputzt und halbiert, die Möhren in Scheiben geschnitten. Das Fleisch in mundgerechte Würfel schneiden. Nun Öl in einem Bräter erhitzen und das Gulasch darin portionsweise kräftig anbraten. Schalotten, Pilze und Möhren hinzufügen und anbraten. Mit den Gewürzen würzen (der Thymian kommt erst später hinzu) und das Tomatenmark einrühren. Alles mit Mehl bestäuben. Den Rotwein, einen halben Liter Wasser und 3 EL Essig hinzugeben. Das Ganze nun für 40 Min. schmoren lassen.

Jetzt den Thymian zum Fleisch geben und nochmals mit 1/4 Liter Wasser aufgießen. Weitere 30 Min. schmoren lassen. Mit Salz, Pfeffer, restlichem Essig und Gemüsebrühe abschmecken. Sahne unterrühren und servieren.

Dazu passen Spätzle sehr gut.

Brauhaus-Gulasch

Deftiges Gulasch mit Ihrem Lieblingsbier

- 500 g Gulasch vom LandSchwein
- 2 EL Butterschmalz
- 1/2 TL Senf
- 1 EL Tomatenmark
- 1 große Zwiebel, gehackt
- 1 Knoblauchzehe, gepresst
- 1 Karotte, gerieben
- 200 ml Bier, Wunsch-Sorte aus Ihrer Lieblingsbrauerei
- 600 ml Gemüsebrühe
- 1 TL Salz
- 1 TL Pfeffer, gemahlen
- 1 TL Paprikapulver, edelsüß
- 1 EL saure Sahne

Das Butterschmalz in einer tiefen Pfanne erhitzen. Das Gulasch im Butterschmalz scharf anbraten und mit Salz, Pfeffer und Paprikapulver würzen.

Wenn das Fleisch eine schöne Farbe angenommen hat und das Wasser verdampft ist, die gehackte Zwiebel, die gepresste Knoblauchzehe und die geriebene Karotte sowie den Senf und das Tomatenmark dazugeben und kurz weiterbraten lassen.

Anschließend mit dem Bier ablöschen und einkochen lassen. Jetzt mit der Gemüsebrühe auffüllen und mit Deckel ca. 1 Stunde köcheln lassen.

Etwa 5 Min. vor Ende der Garzeit die saure Sahne einrühren und nach Bedarf noch andicken.

Als Beilage passen Spätzle, Knödel oder auch Krautkrapfen.

Boeuf Bourguignon

- 1 Petersilienwurzel
- 1 Bund Petersilie (glatt)
- 1 Zweig Thymian
- 1,5 kg PrimaRind-Fleisch aus der Schulter
- 4 EL Öl
- 3 Knoblauchzehen
- 2 EL Mehl
- Rotwein, bevorzugt Bodenseewein
- 2 Lorbeerblätter
- 400 g Schalotten (ersatzweise kleine Zwiebeln)
- 3 Möhren
- 400 g Champignons
- 1 Zitrone
- 150 g Speck (Bauchspeck, durchwachsen)
- 70 g Tomatenmark
- Zimt
- Balsamessig

Petersilienwurzel schälen, mit Petersilie und Thymian zusammenbinden. Fleisch in große Würfel schneiden und in heißem Öl rundherum braun anbraten. Zerdrückten Knoblauch zufügen. Salzen, pfeffern (schwarzer Pfeffer) und mit Mehl bestauben. Wein, Lorbeerblätter und das Kräutersträußchen zufügen. Ca. 1,5 Stunden schmoren.
Schalotten längs etwas einritzen, mit kochendem Wasser übergießen und aus der Schale drücken. Möhren putzen, längs halbieren und in Scheiben schneiden. Champignons putzen, waschen und mit Zitronensaft beträufeln. Speck in Streifen schneiden und ausbraten. Schalotten und Möhren zufügen und kurz andünsten. 100 ml Wasser zugießen und im geschlossenen Topf 15 Min. dünsten. Zusammen mit Champignons und Tomatenmark zum Fleisch geben. Alles noch 10 Min. weiterschmoren. Mit Salz und Pfeffer, Zimt und Balsamessig abschmecken. Lorbeerblätter und Kräutersträußchen entfernen.

Gulasch-Gemüseeintopf

Herzhafter Gemüseeintopf mit Schweine- und Rindergulasch

- 300 g Gulasch vom LandSchwein (von der Schulter)
- 300 g Gulasch vom PrimaRind (von der Schulter)
- 200 g Zwiebeln
- 500 g Karotten
- 300 g Weißkraut
- 500 g Kartoffeln, festkochende
- 2 Bund Suppengrün: Karotten, Lauch, Sellerie, Petersilienwurzel
- 2 EL Butterschmalz (oder Schmalz)
- 1 EL Paprikapulver, edelsüß
- Salz und Pfeffer
- 1/4 Liter Fleischbrühe
- 1,5 EL Kümmel
- 1 EL Thymian
- 2 EL Butter
- Meerrettich
- Petersilie

Zwiebeln abziehen, grob würfeln. Suppengrün klein würfeln. Fleisch mit Zwiebeln und Suppengrün im heißen Fett in einem breiten Topf kräftig anbraten. Fleisch salzen, pfeffern. Topf vom Herd ziehen, Paprika darüberstreuen, Fleischbrühe zugießen. Kümmel und Thymian zugeben. Bei milder Hitze etwa 1 Std. zugedeckt schmoren lassen.
Karotten und Kohl putzen, waschen, Karotten schräg in 2 cm lange Stücke, Kohl in 1 cm breite Streifen schneiden. Getrennt in je 1 EL Butter dünsten, salzen und pfeffern.

Kartoffeln waschen, schälen, in 1 cm große Würfel schneiden, mit dem Gemüse 25 Min. vor Ende der Garzeit zum Gulasch geben.
Wenn das Gemüse gar ist, Gulasch mit Meerrettich, Salz und Pfeffer abschmecken. Mit Petersilie garnieren.

Tipp: Gebratene Speckwürfel kann man gut dazugeben und als Beilage kräftiges Bauernbrot.

Szegediner Gulasch

Zutaten für 6 Personen:
- 1 kg LandSchwein-Gulasch
- 300 g Sauerkraut
- 4-5 Zwiebeln
- 0,6 Liter Rinderbrühe
- 200 g Schmand
- 3-4 EL Schweineschmalz oder Butterschmalz
- 2 Knoblauchzehen
- 1-3 TL Rosenpaprika
- 1-2 EL vonHier-Apfelessig
- 1-3 TL edelsüßes Paprikapulver
- 1-2 EL Tomatenmark
- 1-2 TL Kümmel, ganz
- frisch gemahlener, weißer oder schwarzer Pfeffer
- Meersalz oder grobes Salz aus der Mühle

Das Glas Kraut öffnen und auf ein Sieb zum Abtropfen geben. Ob frisch oder aus der Dose, das Kraut kurz unter Kaltwasser durchwaschen, abtropfen lassen und kräftig ausdrücken.

Schweinegulasch abwaschen, trocknen und in mundgerechte, ca. 2,5 cm große Würfel schneiden.

Zwiebeln und Knoblauch schälen, Zwiebeln in Scheiben schneiden, den Knoblauch nur anquetschen.

Fett heiß werden lassen, das Fleisch in zwei Portionen kräftig anbraten lassen und dabei jedes Mal gut würzen. Gulasch aus dem Schmortopf nehmen.

Im verbleibenden Fett die Zwiebelscheiben leicht anbraten. Kraut ebenfalls zugeben und leicht Farbe nehmen lassen.

Die Zwiebel-Krautmischung mit Paprika und Tomatenmark mischen. Knoblauch, Essig und Kümmel zugeben, gut umrühren und mit Brühe aufgießen.

Fleisch wieder hinzufügen und alles etwa 45 Min. auf kleiner Flamme köcheln lassen. Gegen Ende der Kochzeit den Schmand zugeben. Gut mit Essig abschmecken und eventuell nachwürzen.

Tipp: Dazu schmecken Semmelknödel hervorragend.

Rindergulasch

- 600 g Rinderwade oder Schulter vom PrimaRind
- 2 Knoblauchzehen
- 100 g Butter
- 2 EL Rosenpaprika (Pulver)
- 1/2 TL gemahlener Kümmel
- 1 unbehandelte Zitrone
- 600 g Zwiebeln
- 3 EL Tomatenmark
- 1 1/2 TL Rapsöl
- 1 EL Butterschmalz
- 300 ml Rotwein, kräftig
- 300 ml Rinderbrühe
- 1 TL Majoran, trocken
- Salz, Pfeffer

Fleisch in daumengroße Stücke schneiden. Zitronenschale abreiben. Knoblauchzehen schälen und fein schneiden. Zwiebeln schälen und in grobe Würfel oder Streifen schneiden.

Einen Topf mit Rapsöl und das Butterschmalz erhitzen, Fleisch rundum scharf anbraten und mit Salz und Pfeffer würzen. Zwiebeln mit angehen lassen, Paprika, Tomatenmark zugeben, kurz angehen lassen. Das Ganze mit Rotwein angießen, mit Rinderfond aufgießen und ca. 60 Min. köcheln lassen.

Danach weiterschmoren bis sich eine deutliche Bindung ergibt. Nach und nach den Restlichen Rinderfond noch zugeben. Die gesamte Garzeit beträgt ca. 90 Min.
Die Zitronenschale, den Knoblauch, Paprika, Majoran und Kümmel mit kalter Butter zusammen hacken, anschließend mit dem Messerrücken zu einer Paste verreiben. In den letzten 10 Min. dieses Gulaschgewürz beigeben.

– Gulasch mit Spekulatius
– mit Bodensee-Dörrobst
– mit Schmand und Rosinen

Die saure Orgie

Lumpensuppe

- 100 g roter Presssack (Schwartenmagen)
- 100 g weißer Presssack (Schwartenmagen)
- 150 g LandZunge-Schinkenwurst
- 150 g Allgäuer Backsteinkäse
- 1 Bund Schnittlauch
- 2 kleine rote Zwiebeln
- Salz
- Pfeffer aus der Mühle
- Apfelbalsam-Essig
- Rapsöl
- 1 Prise Zucker

Presssack (Schwartenmagen), LandZunge-Schinkenwurst und den Allgäuer Backsteinkäse in Würfel schneiden, die Zwiebel in Spalten. Essig, Öl, Zucker, Salz und Pfeffer gut vermischen und über die Zutaten schütten; diese sollten mit der Marinade bedeckt sein. Zum Schluss den Schnittlauch zugeben.
Vor dem Essen ein paar Minuten ziehen lassen. Dazu passen Bratkartoffeln oder gutes Bauernbrot.

Lindauer Schübling

- Lindauer Schübling
- 4 große Zwiebeln
- 2 Karotten
- 1 kleine Stange Lauch
- 1 Sellerieknolle
- 1/8 Liter LandZunge-Essig „Schwarze Johannisbeere"
- 1/8 Liter Bodenseewein (trocken)
- Salz
- Zucker
- Lorbeerblätter
- Nelken
- Pfefferkörner
- Wacholderbeeren

Die Zwiebeln schälen und in Ringe schneiden. Das Gemüse putzen und in feine Streifen schneiden. Einen Liter Salzwasser zum Kochen bringen und Essig, Wein, Zwiebeln, Gemüse und Gewürze dazugeben. Den Sud bei kleiner Hitze etwa 20 Min. kochen lassen. Die Schüblinge hineinlegen und ungefähr 15 Min. ziehen, jedoch nicht kochen (!) lassen. Sie sind gar, wenn sie fest werden. Jetzt die Schüblinge aus dem Sud heben, auf tiefe Teller verteilen und etwas Sud mit viel Zwiebeln und Gemüsestreifen darübergießen. Dazu Schwarzbrot und einen kräftig-trockenen Wein vom Bodensee oder ein leckeres Bier aus der Region.

Schwäbischer Wurstsalat

Der schwäbische Wurstsalat ist von Grund auf eine Besonderheit. Er wird als einziger Wurstsalat traditionell mit 2 Wurstsorten zubereitet, der Schinkenwurst und der Schwarzwurst. Es geistern viele Rezepte zum schwäbischen Wurstsalat umher, manchen Rezepten nehme ich es ab, dass sie von schwäbischer Tradition sind, den meisten aber nicht. Dieses hier ist ein wirklich traditionell überliefertes schwäbisches Wurstsalatrezept!

- 350 g Schinkenwurst
- 350 g luftgetrocknete Schwarzwurst
- 5 kleine eingelegte Essiggurken
- 2 Zwiebeln
- 1 EL Senf
- 3 EL Bodensee-Weinessig
- 3 EL Rapsöl
- 2 EL Gurkenwasser
- 1-2 EL Zucker
- Salz und weißer Pfeffer aus der Mühle

Die Zwiebeln enthäuten und in Ringe schneiden. Schinkenwurst und Schwarzwurst enthäuten und in grobe Streifen schneiden. Die Gurken in dünne Scheiben schneiden.
In einer hohen Schüssel Essig, Gurkenwasser und den Senf mit einem Schneebesen vermischen. Jetzt das Öl erst langsam, dann schneller unter das Dressing mixen und zum Schluss mit Salz, Pfeffer und Zucker abschmecken (alle Zutaten sollten Zimmertemperatur haben). Zwiebelringe, Wurst- und Gurkenstreifen mit dem Dressing in der großen Schüssel vermengen. Etwa 3 Stunden im Kühlschrank ziehen lassen. Eine 3/4 Stunde vor dem Servieren aus dem Kühlschrank nehmen und bei Zimmertemperatur weiter ziehen lassen. Bei Zimmertemperatur mit Schwarzbrot servieren.
Wer aber die Schwarzwurst nicht mag, der lässt sie einfach weg!

Allgäuer Wurstsalat

- 400 g LandZunge-Schübling
- 200 g Allgäuer Emmentaler oder Bergkäse
- 6 milde Gewürzgurken
- 2 kleine Zwiebeln
- 6 EL Öl
- 6 EL Essig
- Salz, Pfeffer
- 1 Prise Zucker

Von der Wurst die Haut abziehen, in ganz dünne Scheibchen schneiden, den Emmentaler/Bergkäse klein würfeln, die Zwiebel würfeln (oder in dünne Ringe schneiden). Die Gurken in dünne Scheiben (oder kleine Würfel) schneiden und alles vermischen. Gutes Rapsöl und Weinessig dazugeben, zudem etwas vom Gurkensud aus dem Gurkenglas, mit Salz, Pfeffer und einer Prise Zucker abschmecken, nochmals alles gut durchmischen.

Wichtig: Mindestens 1 Stunde ziehen lassen, damit sich der Geschmack von Käse und Wurst entfalten kann.
Dazu passt ein frisches Bauernbrot oder Hörnchen/Brezel mit einem kühlen Bier!

Entscheidend ist der Geschmack des Schüblings – es gibt auch welche mit Knoblauch. Regensburger passen sicher, dann haben wir aber keinen Allgäuer Wurstsalat mehr...

Salat vom PrimaRind

- 300 g gekochte PrimaRind-Schulter
- 4 Gewürzgurken
- 2 Tomaten
- 1 Paprikaschote, rot
- 4 Lauchzwiebeln
- Salz und Pfeffer aus der Mühle
- etwas Zucker
- Apfelbalsam-Essig
- Rapsöl

Die gekochte Schulter vom PrimaRind auf der Brot- oder Wurstschneidemaschine in feine Scheiben schneiden, diese dann in feine Streifen schneiden.
Gewürzgurken ebenfalls in feine Streifen schneiden. Tomate vom Kerngehäuse befreien und genauso in feine Streifen schneiden. Paprika halbieren, von den Kernen befreien, die Hälften in der Mitte noch einmal durchschneiden und ebenfalls in feine Streifen schneiden. Die Lauchzwiebeln putzen und mit dem Grün in feine Ringe schneiden.

In einer Schüssel aus Salz, Pfeffer und etwas Zucker, dem Balsam-Essig und dem Rapsöl eine Soße rühren, alle Zutaten mit der Soße vermischen, endgültig abschmecken, wer mag, kann noch 1–2 EL kleine Perlzwiebeln hineingeben. Schmeckt hervorragend zu Bratkartoffeln, aber auch zu Bauernbrot.

Was ausgezeichnet zu einem Rindfleischsalat passt: Kürbiskernöl und geröstete Kürbiskerne.

Schwarzwurst-Backsteiner-Salat

- 500 g Schwarzwurst
- 200 g Backsteiner (Limburger)
- 4 rote säuerliche Bodenseeäpfel
- 4 lila Zwiebeln
- 1/2 Bund Schnittlauch/Frühlings-
  zwiebeln
- Salz
- etwas Zucker
- Pfeffer aus der Mühle
- Mostessig
- Rapsöl

Die Zwiebeln schälen, in Spalten schneiden und in einer Schüssel leicht salzen.
Von der Schwarzwurst die Haut abziehen und in feine Scheiben schneiden. Den Backsteinkäse abschaben und danach in Würfel schneiden, ebenfalls die Äpfel waschen, entkernen und mit Schale würfeln. Alles zu den Zwiebeln in die Schüssel geben. Von dem Most-Essig, dem Rapsöl, Salz, Pfeffer aus der Mühle und ein wenig Zucker eine leckere Salatsoße zubereiten und zu dem Salat gießen, untereinanderheben und einige Zeit schön ziehen lassen.
Auf Tellern anrichten und als Farbtupfer mit in Röllchen geschnittenem Schnittlauch oder Frühlingszwiebeln bestreuen. Zu diesem herzhaften Salat passt am besten ein kräftiges Bauernbrot.

Saurer Käs'

- zwei Stück Romadur
- 1 weiße Zwiebel
- 1 rote Zwiebel
- LandZunge-Kräuteressig
- Rapsöl
- Salz, Pfeffer
- Schnittlauch
- Tomaten
- Frühlingszwiebeln

Die Zwiebeln in kleine Spalten schneiden. Aus Essig, Öl, Salz und Pfeffer eine Marinade herstellen und die Zwiebeln darin ziehen lassen. Den Käse putzen (Rotschmiere entfernen), Käse in Scheiben schneiden, auf Teller verteilen und die marinierten Zwiebeln darübergeben. Schnittlauch klein schneiden, darüberstreuen, Tomatenwürfel und Röllchen von Frühlingszwiebeln dazu – und servieren.

Eine runde Sache

Rouladen

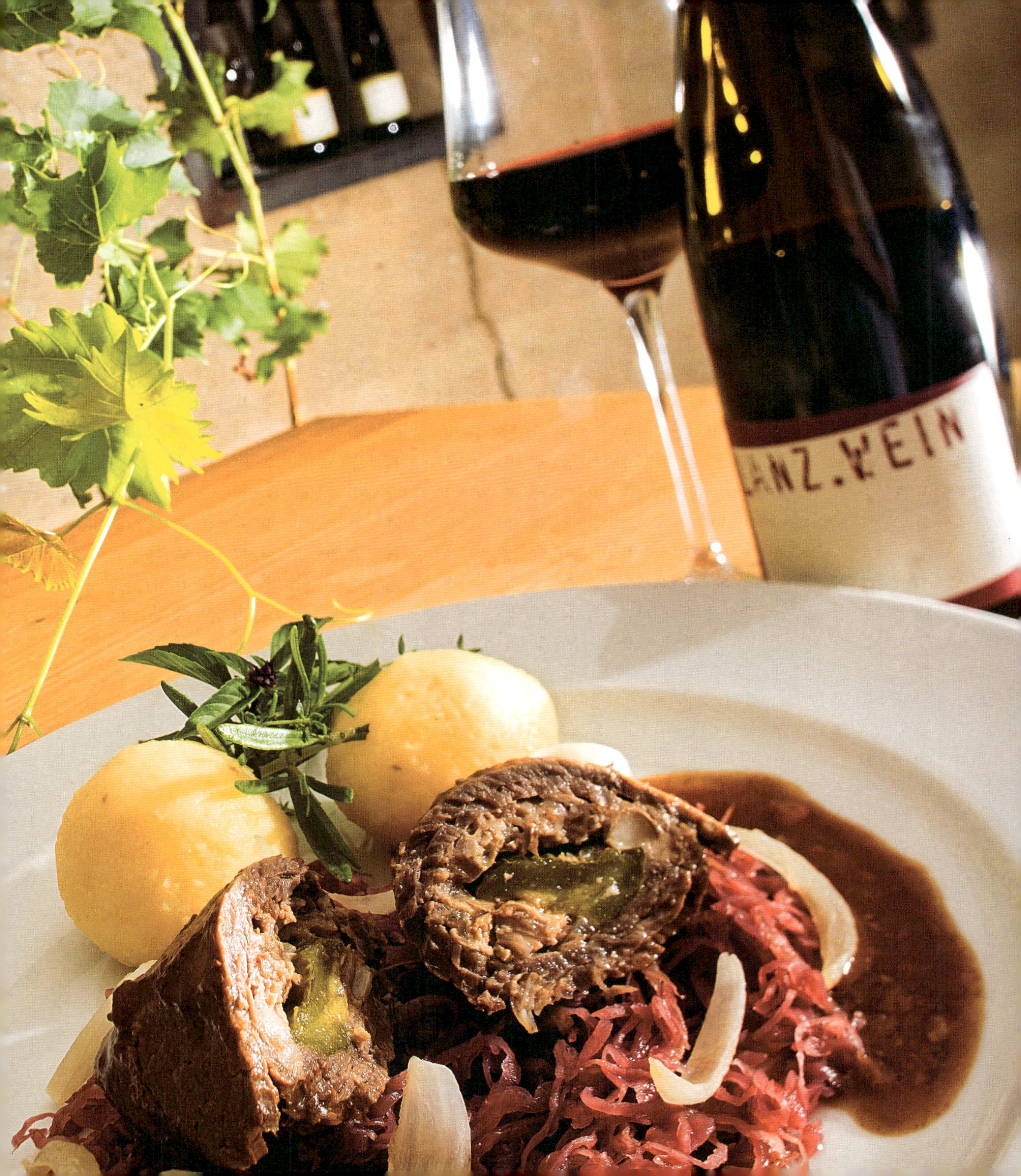
LANZ.WEIN

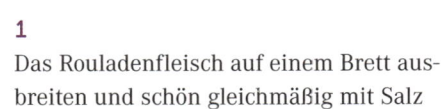

1

Das Rouladenfleisch auf einem Brett ausbreiten und schön gleichmäßig mit Salz und Pfeffer aus der Mühle würzen.

2

Nun mit Senf dünn bestreichen und die Speckscheiben ohne Knorpel und Speckrand auflegen.

3

Essiggurken der Länge nach in Scheiben schneiden und zusammen mit den angeschwitzten Zwiebeln auf den Senf und den Speck legen.

4

Wenn alle Zutaten auf der Roulade verteilt sind, die Seiten einklappen.

5

Von einer Seite aus die Rouladen schön fest aufrollen.

6

Mit Küchengarn die Roulade fest zusammenbinden.

7

In einem Bräter die Rouladen in Butterschmalz anbraten.

8

Die Rinderrouladen rundum gleichmäßig anbraten, bis sie eine gute Farbe haben.

9

Wurzelgemüse, Tomatenmark und Kräuter dazugeben und mit Rotwein und kräftiger Rinderbrühe auffüllen. Jetzt gar schmoren.

1

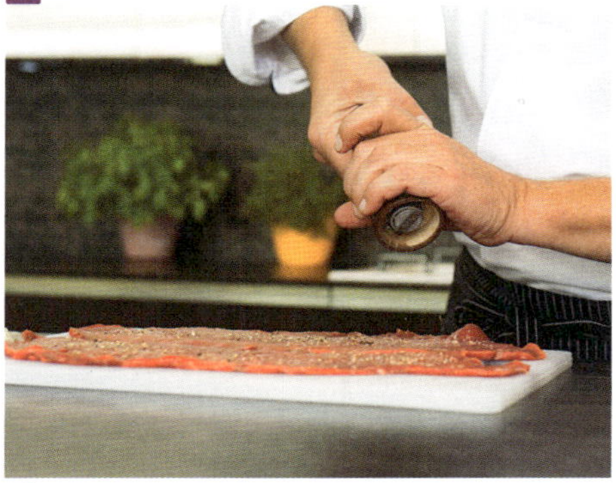

2

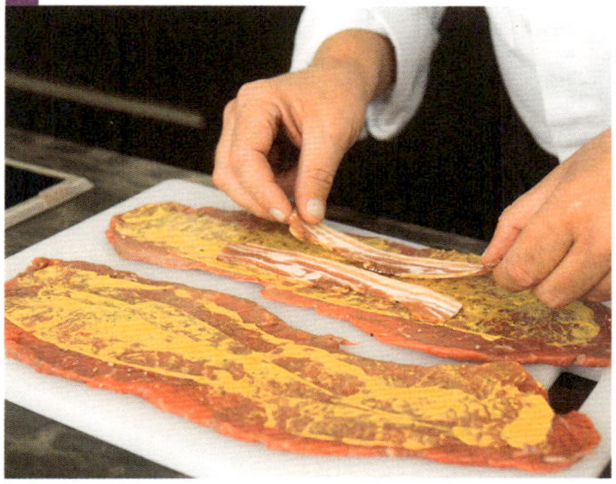

3

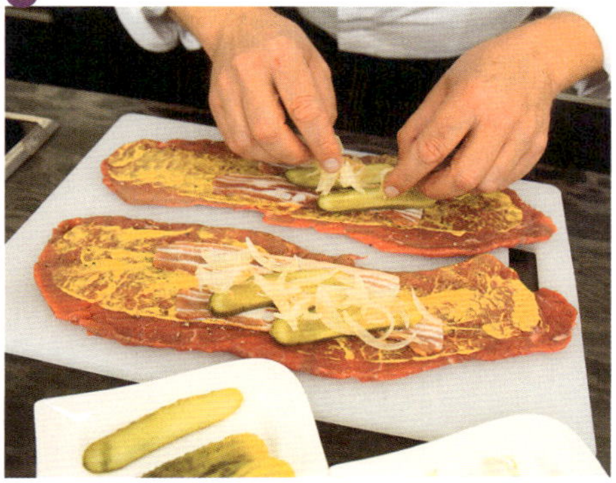

4

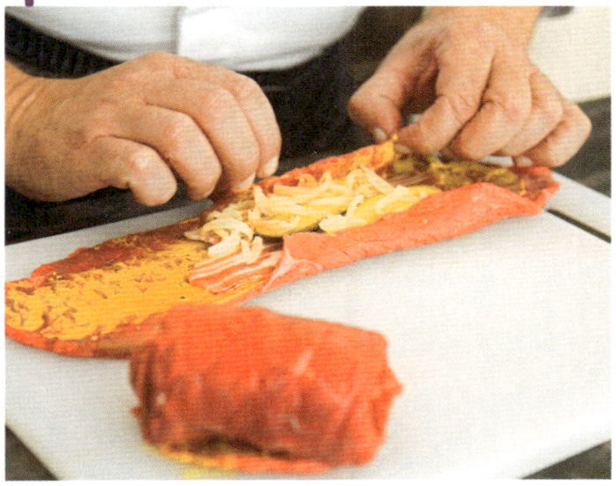

5

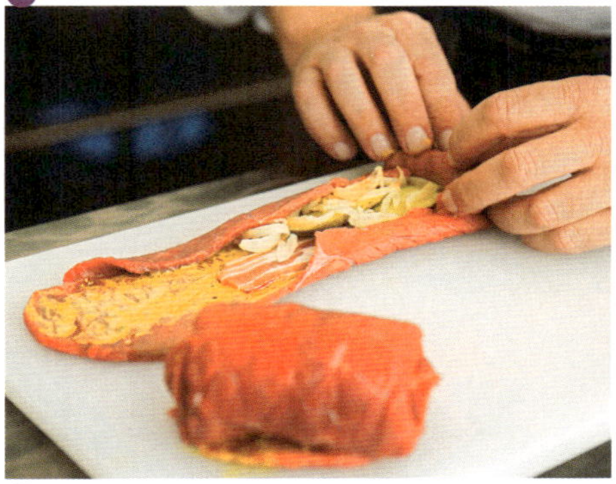

6

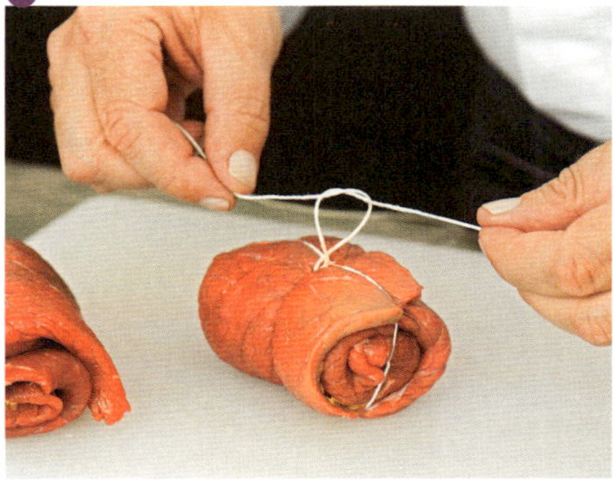

7

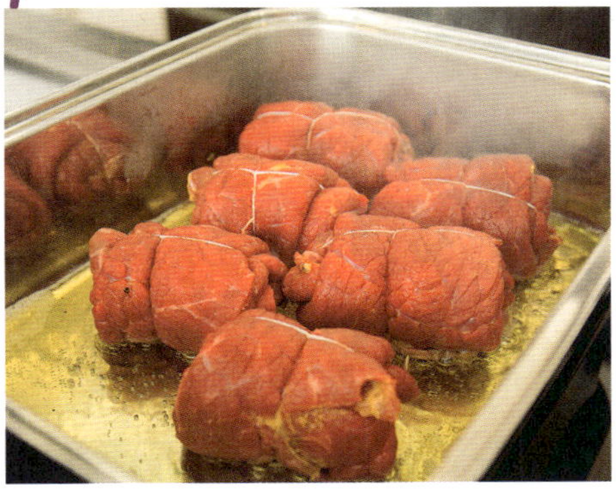

8

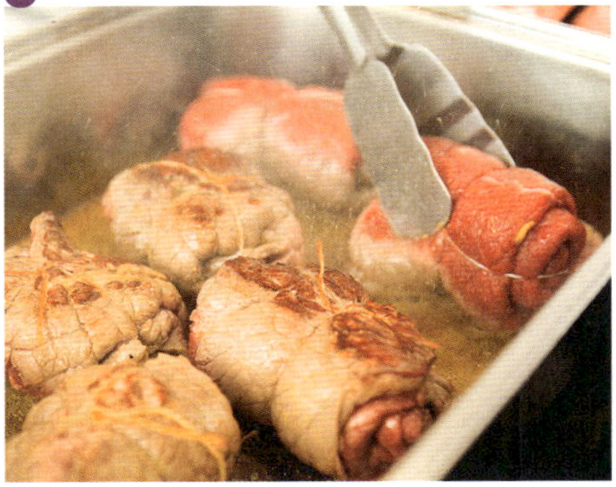

9

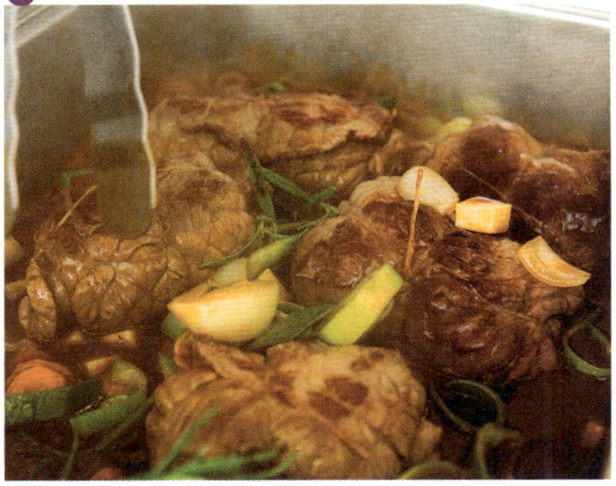

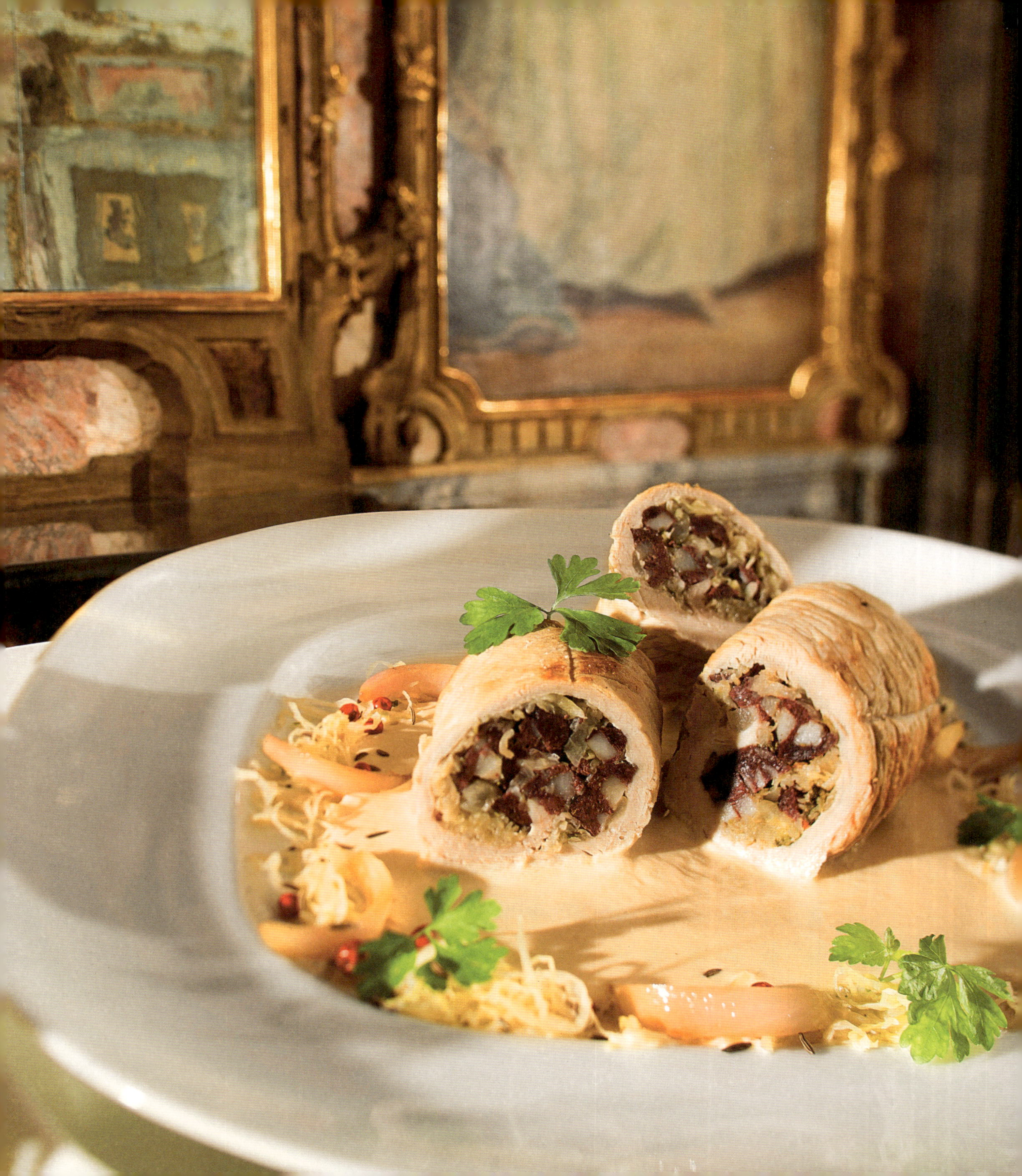

Schweinerouladen mit Sauerkraut-Schwarzwurstfüllung

- 4 schöne Rouladen vom LandSchwein
- 2 Zwiebeln
- 1 Schwarzwurst
- 1 kleine Dose Sauerkraut
- 350 ml Bodensee-Weißwein
- etwas mittelscharfer Senf
- 1 Becher Allgäuer Sahne
- Schnittlauch
- Salz und Pfeffer
- Rapsöl

Als Erstes die fein geschnittenen Zwiebeln in einem Topf anschwitzen, das Sauerkraut aus der Dose nehmen und auseinanderzupfen und zu den Zwiebeln geben, mit Salz und Pfeffer aus der Mühle würzen und gut anbraten. Nun die Schwarzwurst in Würfel schneiden und zum Schluss kurz unter das Kraut mischen. Die Rouladen von beiden Seiten salzen und pfeffern. Eine Seite mit dem Senf bestreichen, und nun die Sauerkraut- Schwarzwurst-Füllung darauf verteilen. Jetzt die Rouladen zusammenrollen und mit einem Zahnstocher feststecken. In einem Bräter Öl erhitzen und die Rouladen rundum scharf anbraten. Danach den Herd zurückdrehen, die Rouladen mit dem Weißwein ablöschen. Das Ganze ca. 1 Stunde köcheln lassen, ab und zu etwas Wein nachgießen. Die Rouladen aus dem Bräter nehmen, die Bratenflüssigkeit mit Sahne angießen, aufköcheln lassen und abschmecken. Die Rouladen zurück in die Soße legen und ca. noch eine 1/4 Stunde ziehen lassen, nun den fein geschnittenen Schnittlauch dazugeben und servieren. Dazu passen wunderbar leckere Quarkspätzle.

Hähnchenrouladen aus der Keule mit Backpflaumenfüllung

- 8 Hähnchenkeulen
- 8 Scheiben Allgäuer Speck
- 1 Zwiebel
- 1 Knoblauchzehe
- 1 Handvoll Salbei
- 8 getrocknete Pflaumen
- 1 EL Butter
- Salz und schwarzer Pfeffer aus der Mühle
- 1/4 Liter Streuwiesen-Apfelsaft

Backpflaumen, Zwiebel, Knoblauch und Salbei fein hacken.
Die Butter in einer Pfanne erhitzen, Zwiebel, Knoblauch und Salbei darin anschwitzen. Dann die gehackten Pflaumen dazugeben und ebenfalls kurz anbraten, mit Salz und Pfeffer würzen. Die Pfanne vom Herd nehmen und etwas abkühlen lassen.
Die Hähnchenkeulen, davon nur die Oberkeulen, entbeinen, etwas flachdrücken, beidseitig mit Salz und Pfeffer würzen und mit der Hautseite nach unten auf ein Brett legen. Jeweils etwa einen EL der Füllung auf das Fleisch geben und zu einer Roulade aufrollen. Um jede Roulade eine Scheibe Speck wickeln und mit etwas Küchengarn fixieren.
Die Rouladen in eine ofenfeste Kasserolle legen und im Ofen bei 180 °C ca. 45 Min. braten.
Nach der Hälfte der Garzeit mit dem Apfelsaft aufgießen. Nach Geschmack kann man die sich bildende Soße etwas andicken. Toll passt dazu ein Kürbis-Kartoffelgratin.

Rouladen vom Weiderind wie von meiner Oma

- 4 Rouladen vom Weiderind
- 2 Zwiebeln
- 2 Essiggurken
- 6 Scheiben Allgäuer Speck
- 2 EL mittelscharfer Senf
- 1/2 Stück Knollensellerie
- 2 Karotten
- 1/4 Stange Lauch
- 1/4 Flasche Bodensee-Rotwein
- Salz aus der Mühle
- Pfeffer aus der Mühle
- Tomatenmark
- 1/4 Liter Rinderfond
- 1 TL Speisestärke
- 1 Schuss Essiggurkensud
- 1 EL Butterschmalz

Die Rinderrouladen aufrollen, waschen und mit Küchenkrepp trockentupfen. Zwiebeln in Streifen schneiden, Gurken in lange Scheiben schneiden.

Die Rouladen ausbreiten und mit Senf bestreichen, salzen und pfeffern, auf jede Roulade in der Mitte der Länge nach Zwiebel und Frühstücksspeck sowie Gurkenscheiben verteilen. Nun von beiden Längsseiten etwas einschlagen, dann aufrollen und mit dem Küchengarn wie ein Päckchen zusammenbinden.

In einer Kasserolle das Butterschmalz heiß werden lassen und die Rouladen dann ringsherum darin anbraten. Wenn diese eine schöne Farbe angenommen haben, das Fleisch herausnehmen.

Nun den Sellerie, die restliche Zwiebel, den Lauch und die Karotten klein schneiden und in der Kasserolle anbraten. Sobald das Gemüse etwas Farbe angenommen hat, Tomatenmark dazugeben, mit dem Rotwein angießen, nicht mehr rühren und die Flüssigkeit verdampfen lassen. Sobald das Gemüse trockenbrät, wieder eine Schicht angießen, kurz rühren und weiter verdampfen lassen. Diesen Vorgang wiederholen, bis die viertel Flasche Wein aufgebraucht ist. Auf diese Art wird das Röstgemüse sehr braun (gut für den Geschmack und die Farbe der Soße), aber nicht trocken. Am Schluss mit dem Rinderfond, etwas Salz und Pfeffer und einem guten Schuss Gurkensud auffüllen und dann die Rouladen in die Kasserolle legen. Die Kasserolle auf kleiner Flamme für ca. 1,5 Stunden schmoren lassen. Ab und zu etwas Flüssigkeit angießen.

Nach 1,5 Stunden testen, ob die Rouladen weich sind, sie dann vorsichtig aus der Kasserolle heben, warm stellen.

Die Soße durch ein Sieb gießen und aufkochen. Nun 1 El Senf mit etwas Rotwein und der Speisestärke gut verrühren und in die kochende Soße nach und nach unter Rühren eingießen, bis die gewünschte Konsistenz erreicht ist. Die Soße nach Bedarf und Gusto nochmals mit Salz, Pfeffer, Rotwein und Gurkensud abschmecken. Dazu Rotwein, Sauerkraut und Kartoffelknödel servieren.

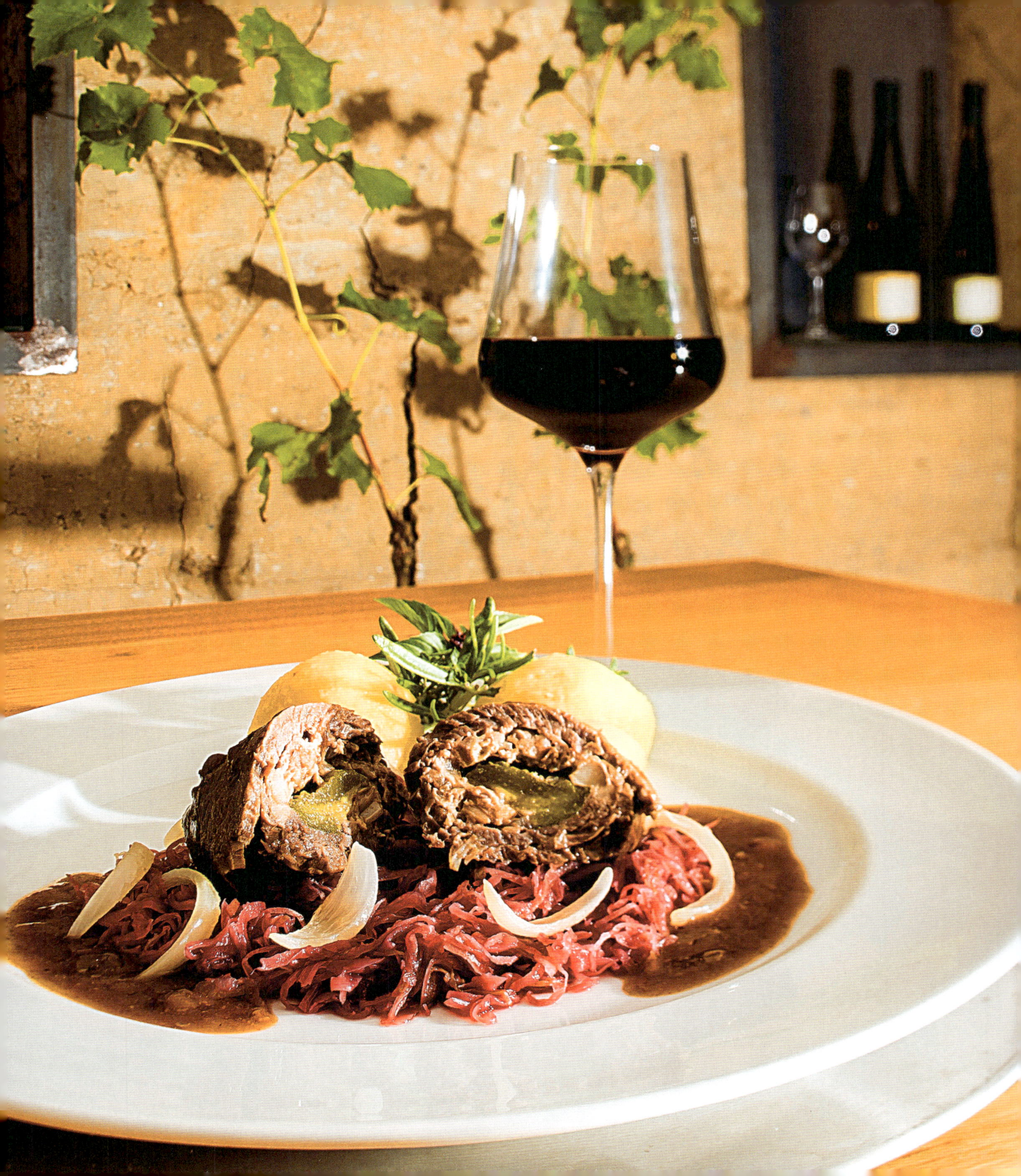

Hinaus mit ihnen!

Rinder gehören auf die Weide. Das hat zum Beispiel mit Idealismus zu tun. Schließlich sind die Bauern hier stolz auf ihre Tiere. Ein Allgäuer Braunvieh, gekreuzt mit einem Blonde d'Aquitaine, das gibt schon stattlichen Nachwuchs und der darf ruhig bestaunt werden. Am besten natürlich im Freien auf einer hofnahen Wiese oder auf einer Alpe in den Bergen. Nicht ohne Grund wird gemunkelt, dass Rinder die am meisten fotografierten Motive der Region sind.

Ein Augenschmaus, der hervorragend auf der Zunge zergeht. Ganz nach dem Motto: Der Stolz der Erzeuger – der Ruhm der Köche. Denn wenn die Tiere die Sommer auf der Weide verbringen, wachsen sie langsamer heran als ihre im Stall gehaltenen Artgenossen und entwickeln ein Fleisch von besonders feiner Marmorierung. Stallrinder sind nach nur 18 Monaten schlachtreif, beim Weiderind dauert das sechs Monate länger.

Ganz nebenbei zeigt auch das Futter seine Wirkung. Während Stallrinder insbesondere Maissilage erhalten, fressen Weidetiere vor allem das kräuterreiche Grün der Wiesen: im Sommer frisch, im Winter als Heu oder Grassilage. Das hat zur Folge, dass ihr Fleisch weit mehr ungesättigte Fettsäuren enthält, als das ihrer schnell gemästeten Artgenossen. Diese essenziellen Stoffe kann der menschliche Körper nicht selbst herstellen und muss sie mit der Nahrung aufnehmen.

Und wieder ist Idealismus im Spiel: Weil die Rinder die Wiesen, Hänge und Alpen beweiden, verhindern sie, dass Büsche oder Bäume aufkommen. So pflegen sie – und natürlich die Bauern – eine Kulturlandschaft, die über Jahrhunderte gewachsen und vor allem für das Allgäu typisch ist. Da sind auch Genießer Idealisten: dankbar für die Arbeit der Bauern und verwöhnt vom guten Geschmack.

Rind

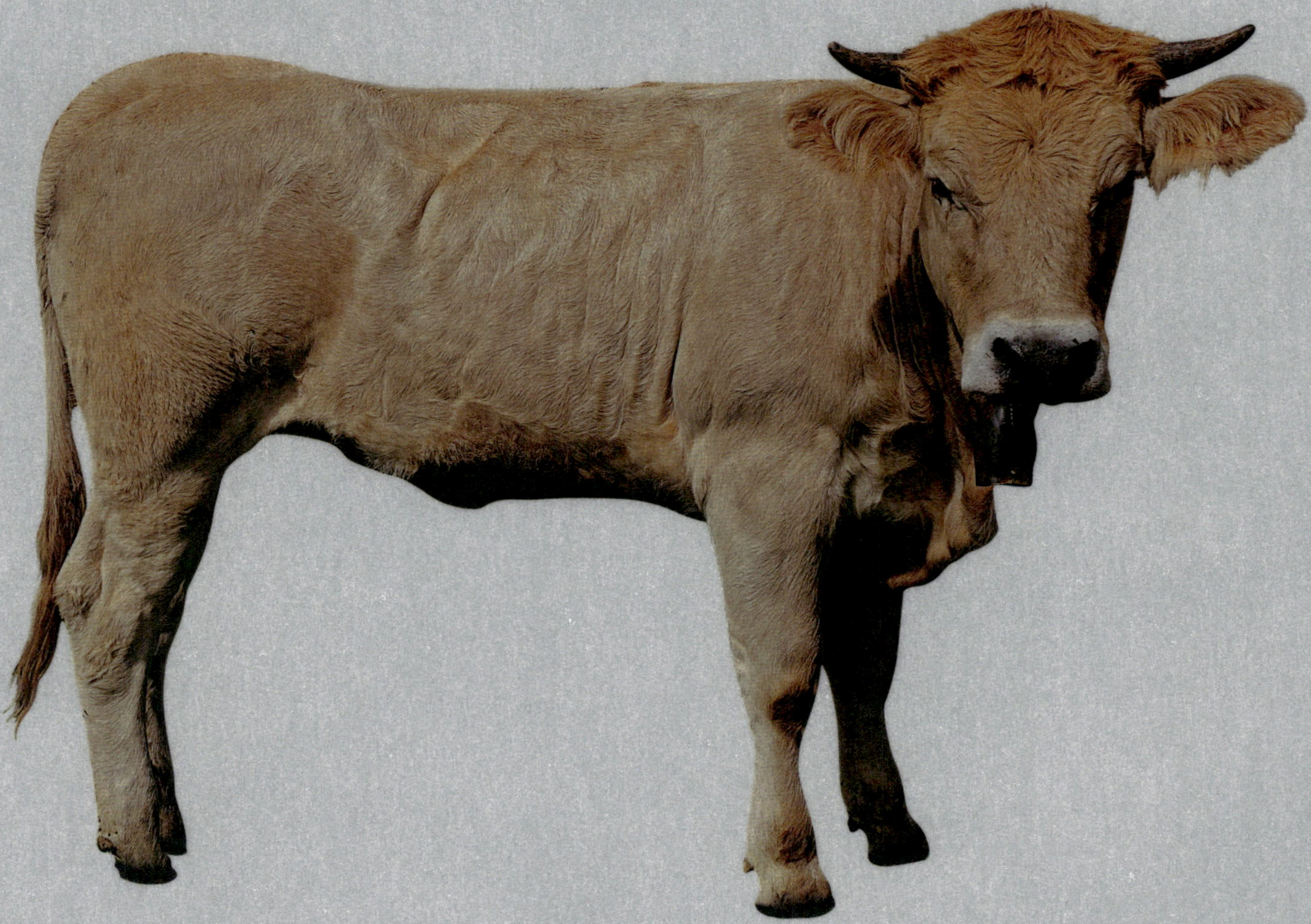

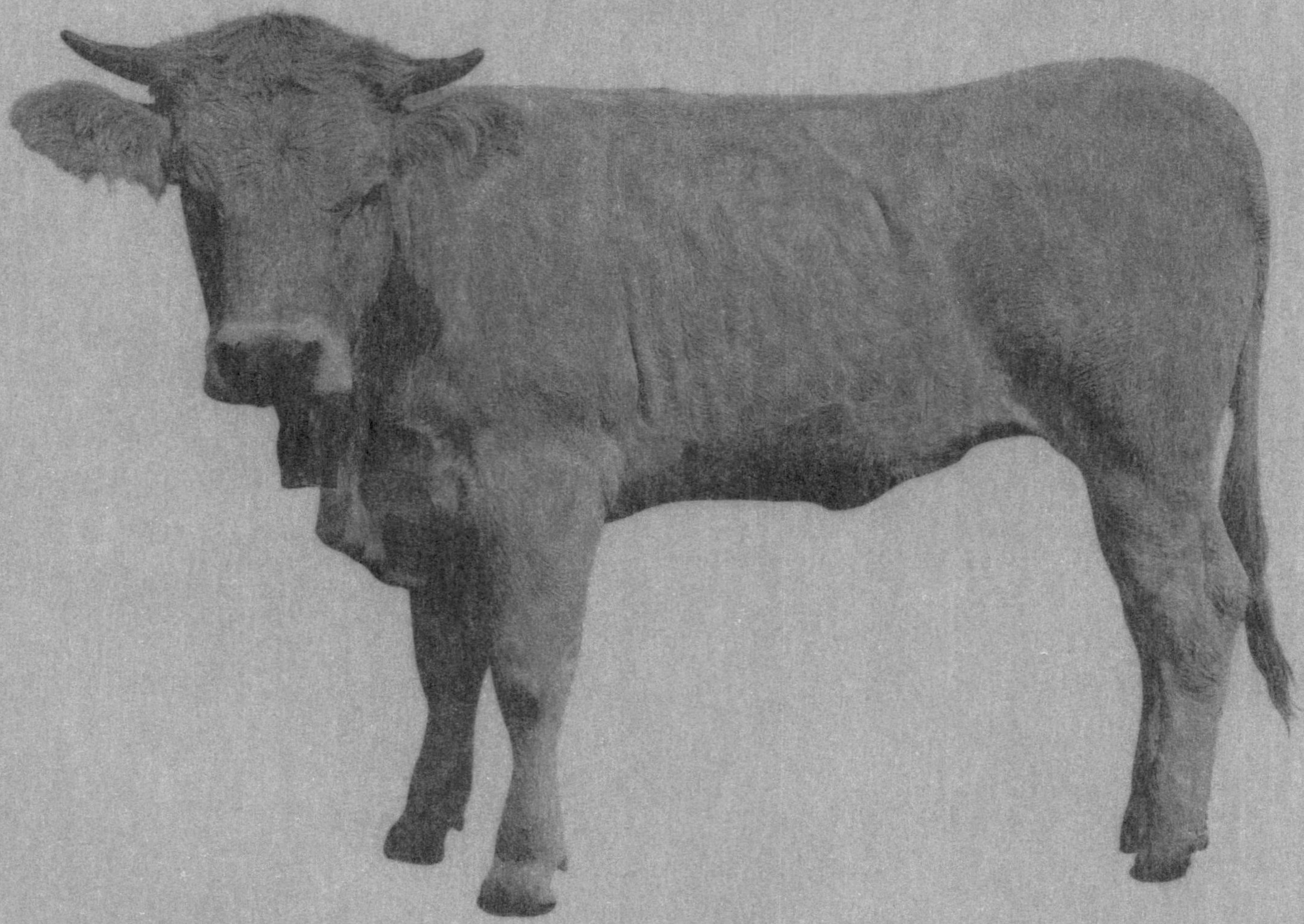

95

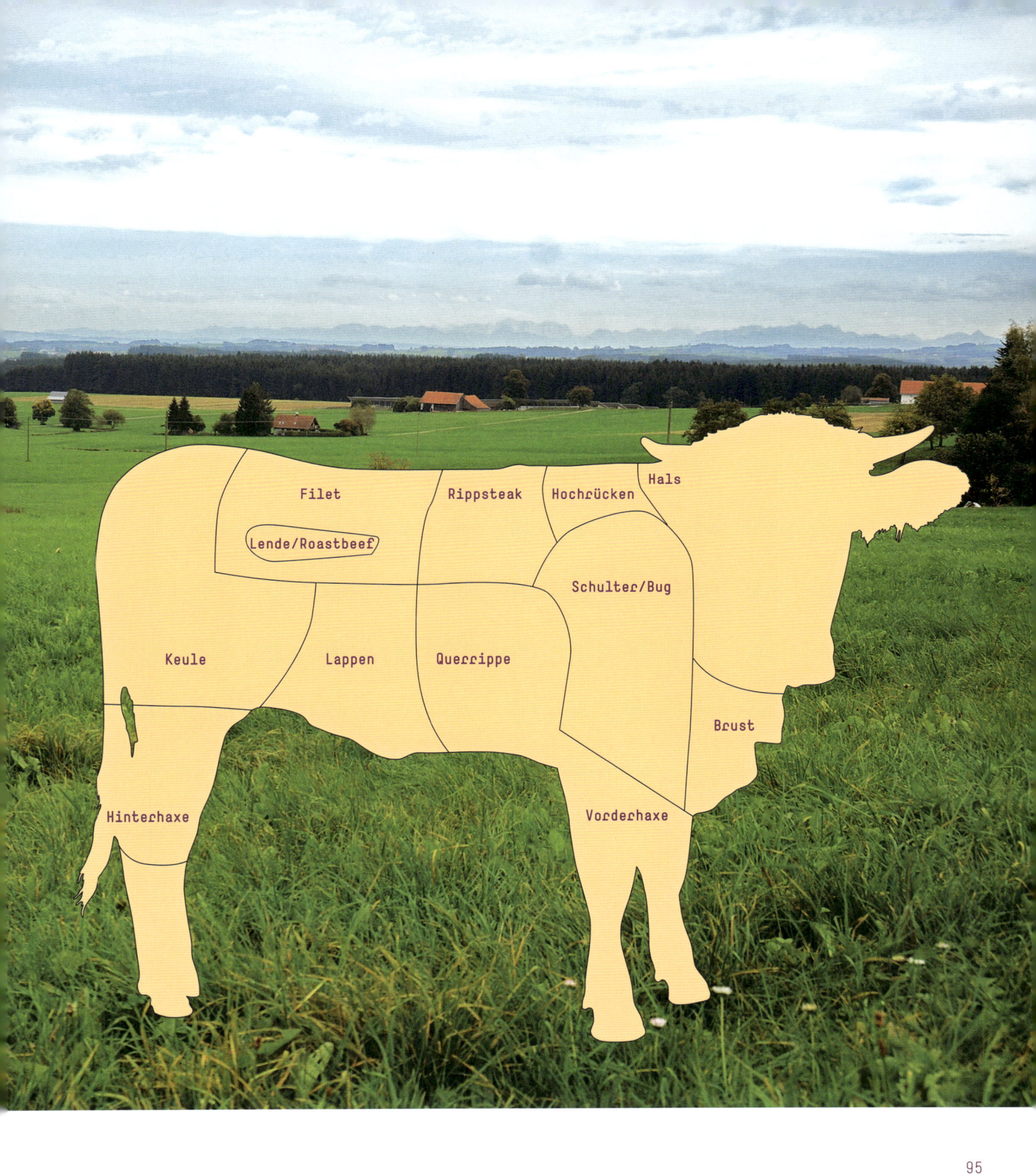

Carpaccio vom PrimaRind
mit Weißlacker-Mayonnaise und kleinem Salat

- 200 g fein marmoriertes Filet vom PrimaRind
- 2 cl vonHier-Leindotteröl
- Steinsalz
- frisch gemahlener weißer Pfeffer
- 2 EL leichte Mayonnaise
- 1 TL mittelscharfer Senf
- 50 g Weißlacker
- Marktsalate
- Apfelessig
- Rapsöl
- Steinsalz
- frisch gemahlener weißer Pfeffer
- Prise brauner Zucker
- 1 EL Honig

Aus dem Rinderfilet dünne Scheiben schneiden. Die einzelnen Filetscheiben zwischen eine Klarsichtfolie legen, die mit Leindotteröl bestrichen ist. Mit einem Fleischklopfer hauchdünn plattieren. Den Servierteller mit Leindotteröl bestreichen und mit Steinsalz und Pfeffer bestreuen. Die Fleischscheiben auf den „gewürzten" Tellern so anrichten, dass sie leicht überlappen und den ganzen Teller bedecken. Den Weißlacker mit der Mayonnaise und dem Senf glattrühren und eventuell mit weißem Pfeffer abschmecken. Aus einem Pergamentpapier eine Spritztüte formen und die Mayonnaise einfüllen.

Die Spitze abschneiden und ein Gitter über die Fleischscheiben spritzen.
Aus den Marktsalaten kleine Arrangements auf den Teller richten und mit der leckeren Salatsoße aus Apfelessig, Rapsöl, Honig, Pfeffer, Steinsalz und braunem Zucker begießen. Mit einem Kräuterzweig garnieren und servieren.

Weißlacker-Samtsuppe

- 100 g Rinderknochen
- je 50 g Lauch, Karotte, Sellerie
- 1 Lorbeerblatt
- 3 Wacholderbeeren
- Gemüsesud
- 1 Handvoll Bergwiesen-Heu
- 1/2 TL Zitronenzeste
- 1 Zweig Thymian
- 1 Sternanis
- 1 Stange Zimt
- 2 Nelken
- 25 g Bergbauern-Butter
- 100 g Kartoffeln
- 20 g Zwiebeln
- 0,2 Liter trockener Riesling
- 250 g Schmand
- 0,25 Liter vonHier-Sahne
- 100 g Weißlacker
- 1/2 EL Heublumen
- 3 EL Schnittlauch
- 100 g geräucherte Rinderzunge

Aus den Rinderknochen, den Gewürzen und dem Wurzelgemüse eine Rinderbrühe kochen. Den Gemüsefond aufkochen lassen, das Bergheu und die Heublumen zugeben. Bei 80 °C je nach Intensität des Heus ziehen lassen. Wenn der Heugeschmack sich ideal entwickelt hat, die restlichen Zutaten beigeben. Ca. 20 Minuten ziehen lassen – zugedeckt auskühlen lassen –, filtern (Kaffeefilter), wenn nötig nochmals filtern, dann weiterverarbeiten.

Die Butter in einen Topf geben, zerschmelzen lassen, die Zwiebeln und die geschälten, klein geschnittenen Kartoffeln anschwitzen und mit dem Bergwiesenheusud und der Rinderbrühe angießen. Ca. 25 Min. köcheln lassen, danach mit einem Zauberstab pürieren.

Zur Vollendung den Riesling, Schmand und die Sahne zugeben und erneut kurz aufköcheln lassen, nochmals kurz aufmixen und abschmecken. Mit frischen Kräutern vollenden.

Die in feine Würfel geschnittene Rinderzunge kurz in einer Pfanne anschwitzen. Die Suppe in Suppentassen abfüllen, die Rinderzungenwürfel dazugeben und mit Heublüten bestreut servieren.

Cordon bleu von Rinderleber

- 4 Scheiben Rinderleber
- 100 g gekochter LandZunge-Schinken
- Steinsalz
- Pfeffer aus der Mühle
- 50 g Zwiebeln
- 50 g Weißlacker
- 1 vonHier-Ei
- 30 g vonHier-Mehl
- 30 g Semmelbrösel
- 50 g Butterschmalz
- 1 Zitrone
- 4 Kräuterzweige
- 50 g Zwiebeln
- 1 Kopf „neues Weißkraut"
- 80 g Schwarzwurst
- 200 g Schupfnudeln
- 0,2 Liter Sahne

Die Zwiebeln schälen und fein würfeln. Den Schinken ebenfalls in feine Würfel schneiden. Die Zwiebeln in Butter mit den Schinkenwürfeln anschwitzen, den Weißlacker dazugeben und mischen. Die Rinderleberscheiben mit Steinsalz und Pfeffer aus der Mühle würzen. Die Schinken-Zwiebel-Weißlacker-Masse mit einem Löffel auf den Leberscheiben verteilen. Die Leberscheiben zusammenklappen und klassisch mit Mehl, Ei und Bröseln panieren.

Die Zwiebeln schälen und fein würfeln, von dem Weißkrautkopf vier schöne Blätter lösen, kurz in Salzwasser ankochen und in Eiswasser abschrecken. Das restliche Weißkraut vierteln, den Strunk heraustrennen und in sehr feine Streifen schneiden. Die Schwarzwurst würfeln. Die Zwiebeln in Butter anschwitzen, das Weißkraut dazugeben und zusammen garen. Nun die Schupfnudeln dazugeben, mit Bergbauern-Sahne angießen und kurz köcheln lassen, mit Steinsalz und Pfeffer aus der Mühle abschmecken. Zum Schluss die Schwarzwurstwürfel beigeben und unterheben. Die Cordon bleus in Butterschmalz goldgelb backen.

Die Schupfnudeln in je ein Krautblatt geben, das Cordon bleu darauf anrichten, mit Zitrone und Kräuterzweig ausgarnieren und servieren.

- 4 schöne Rindersteaks
- 80 g Schalotten
- 1/8 Liter Bratensoße
- 100 ml Sahne
- 1 Thymianzweig
- 8 cl Allgäuer Whisky
- 60 g Butterschmalz

Für die Kräuterkruste:
- 2 EL gehackte Petersilie
- 4 Toastbrotscheiben ohne Rinde
- 80 g Butter
- 50 g Weißlacker
- Steinsalz
- Pfeffer aus der Mühle
- Butterschmalz
- 8 Stangen Tettnanger Spargel
- 1/8 Liter Bodensee-Weißwein
- 8 Fingerkarotten
- 2 Petersilienwurzeln
- 12 neue Kartoffeln
- 1/4 Liter Rinderbrühe
- Schnittlauch

Die Schalotten und den Thymian anschwitzen, mit Whisky ablöschen und einköcheln lassen. Die Bratensoße angießen und ziehen lassen.
Von den Toastbrotscheiben Würfel schneiden. Die Butter mit dem Weißlacker schaumig rühren. Die Weißbrotwürfel mit der gehackten Petersilie unterheben und mit Pfeffer abschmecken. Die Masse in eine Alufolie einrollen und im Kühlschrank kühlen. Den Spargel schälen. 4 Bögen Alufolie auslegen, den Spargel darauf verteilen, etwas Butter dazugeben, mit Steinsalz würzen und ein wenig Weißwein angießen. Die Alufolie zusammenfalten und für ca. 20 Min. bei 180°C im Ofen garen lassen.
Die kleinen neuen Kartoffeln schälen und halbieren. Die Fingerkarotten und die Petersilienwurzeln schälen und in Würfel schneiden. Zwiebelwürfel in Bergbauern-Butter mit Kartoffeln, Karotten- und Petersilienwurzelwürfeln anschwitzen, mit der Rinderbrühe angießen und köcheln. Zum Schluss die Schnittlauchröllchen dazugeben.
Die Rindersteaks mit Steinsalz und Pfeffer aus der Mühle würzen. Die Steaks in Butterschmalz anbraten, wenden und mit einer Scheibe der „Weißlackerbutter" belegen. Im Backofen bei Oberhitze kurz überbacken.
Die Whisky-Soße nochmals aufkochen, die Bergbauern-Sahne angießen und mit dem Zauberstab kurz aufschäumen.
Nun das Fleisch und die Beilagen nett anrichten und servieren.

Steak vom Allgäuer Weiderind mit Weißlackerkruste

Rumpsteak vom Weideochsen „Café de Paris"

- 4 Hüftsteaks vom Weideochsen
- Salz und Pfeffer aus der Mühle
- Rapsöl
- 2 Schalotten
- 120 g sehr weiche Butter
- EL Weißwein
- 2 Sardellen (in Öl)
- 2 Stiele Estragon
- 1/2 TL Dijon-Senf
- je 1 Prise Curry- und edelsüßes Paprikapulver
- je 1 Prise getrockneter Thymian und Oregano
- 1 EL Cognac

Für die Café-de-Paris-Butter die Schalotten schälen und sehr fein hacken. Etwas Butter in einem Töpfchen schmelzen, die Schalottenwürfel bei schwacher Hitze glasig dünsten. Mit Weißwein ablöschen und einkochen lassen, bis die Flüssigkeit vollständig verdampft ist.

Die Sardellen abtropfen lassen und sehr fein würfeln. Estragon waschen und trocken schütteln, die Blätter abstreifen und fein hacken.

Die übrige Butter mit dem Senf schaumig aufschlagen. Gewürze und Cognac unterrühren, Schalotten, Sardellen und Estragon unterziehen. Zugedeckt bei Zimmertemperatur stehen lassen.

Die Steaks mit einem Küchenkrepp abtupfen, mit Salz und Pfeffer aus der Mühle würzen. Öl in einer Pfanne erhitzen und die Steaks darin anbraten, bis sie auf beiden Seiten schön braun sind; herausnehmen und warm stellen.

Nun die Steaks mit der Butter anrichten. Dazu serviert man gerne Rosmarin-Kartoffeln.

Rindersteak im Kartoffelmantel

Zutaten für 2 Portionen:
- 2 Rindersteaks
- 4 Kartoffeln
- 1 Ei
- 60 g alter Bergkäse
- 2 EL gehackte Kräuter mit Petersilie, Thymian und Schnittlauch
- Salz aus der Mühle
- Pfeffer aus der Mühle
- Muskat, gerieben
- Rapsöl

Kräuter waschen, trocknen und fein hacken. Kartoffeln waschen, schälen, die Hälfte fein, und die andere Hälfte grob reiben. Etwas stehen lassen, ausdrücken und das austretende Wasser vorsichtig abgießen. Die abgesetzte Stärke bitte aufheben.

Das Ei mit den Kartoffelraspeln, den gehackten Kräutern und dem Bergkäse vermengen. Mit wenig Salz, etwas Pfeffer und Muskat würzen. Die Masse nochmals ausdrücken, auf Alufolie verteilen und gut andrücken, notfalls vorab 1 El Kartoffelstärke untermengen.

In einer ofenfesten Pfanne etwas Rapsöl erhitzen, die gewürzten Steaks darin von jeder Seite etwa 1-2 Min. scharf anbraten, auf die Kartoffelmasse legen und diese rundum fest andrücken.

Die Steaks mit dem Kartoffelmantel wieder in die heiße Pfanne, mit nochmals Öl, geben und etwa 2-3 Min. von jeder Seite sehr heiß braten, das Öl abgießen und die Pfanne für 6-10 Minuten in den vorgeheizten Backofen bei 150 °C (Ober- und Unterhitze) zum weiteren Garen geben. Die Steaks auf vorgewärmten Tellern anrichten.

Dazu serviert man ein leckeres Rahmgemüse nach Saison.

Rumpsteak Strindberg mit Ratatouille

- 4 Rumpsteaks à 180 g
- Salz, Pfeffer aus der Mühle
- 4 EL Senf
- 4 Schalotten
- 4 EL Meerrettich, frisch gerieben
- 4 EL Mehl
- 2 Eier
- Öl zum Braten
- 25 g Butter
- etwas Curry

Für das Ratatouille
- 150 g Zucchini
- 150 g Auberginen
- 150 g Paprikaschoten, entstielt, entkernt
- 100 g Tomaten, entkernt
- 100 ml Tomatensaft
- 2 Knoblauchzehen, durchgepresst
- 80 g Zwiebeln, fein geschnitten
- 8 EL Rapsöl
- Salz und Pfeffer
- Oregano
- Thymian

Die Rumpsteaks leicht plattieren, mit Salz und Pfeffer würzen. Den Senf mit etwas Curry mischen, den Meerrettich unterziehen. Die Steaks von beiden Seiten damit bestreichen. Die Schalotten in feine Würfel schneiden, auf den Senf geben. Alles vorsichtig andrücken. Die Steaks in Mehl wenden, durch aufgeschlagene und verquirlte Eier ziehen und in einer beschichteten Pfanne langsam goldgelb braten. Überschüssiges Öl aus der Pfanne gießen, etwas Butter dazugeben und 2 Min. stehen lassen.

Für das Ratatouille das geputzte Gemüse in mundgerechte Stücke schneiden. Zwiebeln und Knoblauch im Rapsöl glasig anbraten, aber keine Farbe nehmen lassen. Paprikaschoten beigeben, 3 Min. mitbraten, Auberginen und Zucchini untermengen, weitere 3 Min. braten. Mit Tomatensaft ablöschen und würzen. Etwa 8 Min. schmoren, Tomaten hinzufügen, noch einmal aufkochen und lecker abschmecken.
Das Ratatouille auf einem Teller in der Mitte anrichten und die Steaks oben draufsetzen. Die Bratbutter aus der Pfanne noch über das Fleisch gießen und servieren. Dazu passen sehr gut Oliven-Parmesan-Gnocchi.

Gepfefferte Hochrippe mit Birnensoße

Ingwer schälen und sehr fein würfeln. Gemahlenen Pfeffer in einer Pfanne ohne Fett kurz rösten, mit Bodenseeweißwein ablöschen und Gemüsefond zugießen. Ingwer zugeben. Birnendicksaft und Honig zugießen und unter Rühren aufkochen, abseits vom Herd abkühlen lassen.
(Tipp: Wer die Soße dicker mag, kann sie mit der Speisestärke leicht binden.)
Schwarzen und langen Pfeffer in einem Mörser fein zerstoßen. Frischen grünen Pfeffer grob hacken. Rosmarinnadeln abzupfen. Die Hochrippe mit dem Öl bestreichen, mit den Pfeffersorten und Rosmarin bestreuen und leicht andrücken. Die Hochrippe auf dem Grill bei nicht zu starker Hitze 25–30 Min. grillen, dabei mehrmals wenden. Das Fleisch vom Grill nehmen, 5 Min. ruhen lassen und dann mit grobem Meersalz würzen. Das Fleisch bis zum Knochen in dünne Scheiben schneiden und mit der Birnensoße servieren. Dazu passt Bauernbrot und ein frischer Gartensalat.

Soße
- 15 g frischer Ingwer
- 1,5 EL gemahlener schwarzer Pfeffer
- 5 EL Bodenseeweiswein
- 100 ml Gemüsefond
- 2 EL Allgäuer Wiesenhonig
- 2 EL Birnendicksaft
- 0,5 TL Speisestärke (nach Belieben)

Hochrippe
- 1 TL schwarze Pfefferkörner
- 4 St. langer Pfeffer (Bengalischer Pfeffer)
- 1 TL frische grüne Pfefferkörner
- 1 Zweig Rosmarin (klein)
- 1 Scheibe Hochrippe vom PrimaRind (am Knochen, dick ca. 600 g oder 4 Scheiben à 160 g ohne Knochen)
- Meersalz aus der Mühle

Unterschätzte Delikatessen

Da droht ein Stück Esskultur zu verschwinden. Und mit ihr auch Vielfalt von unseren Tischen. Wie gut aber jedes einzelne Teil vom Rind schmeckt, wissen die Kressbronner Wirtin Renate Osswald und Kreativkoch Ralf Hörger.

Ihr sagt, man kann das ganze Rind essen. Wie kommt es eurer Meinung nach, dass die Leute sich heute so auf Steak und Braten eingeschworen haben?

Ralf: Ich denke, sie kennen nichts anderes mehr. In unserer schnelllebigen Zeit haut man sich lieber ein Steak in die Pfanne, als länger in der Küche zu stehen.
Renate: Eben, wenn beide Partner arbeiten gehen, sieht's da oft eng aus. Die schieben sich aber auch keinen Braten in den Ofen. Der boomt dafür im Gasthaus. Das Zauberwort heißt dann „Sonntagsbraten". Da schwingt wahrscheinlich die Vorstellung vom guten alten Familienessen mit, der Höhepunkt der Woche, wenn alle versammelt beieinandersitzen.
Ralf: Dieses Stück Esskultur geht uns immer mehr verloren. Die Familien essen oft nicht mehr zusammen, nicht einmal am Wochenende. Und dann lohnt sich größeres Kochen nicht.

Aber was heißt „größer Kochen"? So ein Rindbraten schmort doch die meiste Zeit allein vor sich hin?

Ralf: Das sehe ich auch so. Da ist die Frage doch die Antwort! Während das Fleisch im Ofen brutzelt, kann ich mich anderen Dingen zuwenden. So viel aufwendiger als ein Steak ist das eigentlich auch nicht. Aber man muss sich eben mit den Dingen auseinandersetzen: schauen, wie's geht und neugierig sein.

Was sind für euch die Geheimtipps: unspektakuläre Teile, die aber spektakulär gut schmecken?

Renate: Rinderherz. Das gibt's heute nur noch selten. Viele jüngere Menschen kennen es nicht einmal mehr. Dabei schmeckt es gebraten oder gedämpft. Oder mit Speck gespickt und dann im Ofen gegart. Das Fleisch ist fest und vom Aroma her wie ein Braten.
Ralf: Ein Beispiel wär' auch gekochtes Rindfleisch, sauer angemacht. Da kann man viel mit Essigen und Ölen spielen. Überhaupt, das gesamte Vorderviertel wird unterschätzt. So ein Schulterblatt schmeckt zum Beispiel herrlich! Das kommt auch als Braten gut an.
Renate: Oder in Scheiben geschnitten, paniert und gebraten! Und was mir noch einfällt, ist Rindfleischsalat, der schmeckt jedes Mal anders, aber immer richtig fein.

Wenn jemand daheim auf kulinarische Entdeckungsreise gehen will, aber im Umgang mit Rindfleisch wenig Erfahrung hat, was empfehlt ihr da?

Ralf: Am besten einen Kochkurs besuchen!
Renate: Mit Leber kann man gut starten, das ist einfach. Aber wer wirklich bei Null anfängt, sollte sich schon Anleitungen holen ...
Ralf: ... und bloß nicht den Fehler machen, die Leber vorneweg zu salzen! Aber das sagen die Rezepte auch. Wichtig ist, sich zu trauen. Und Vorurteile zu überwinden! Innereien oder durchwachsenes Fleisch sind wirklich nichts Ekeliges. Im Gegenteil: Immer mehr Köche entdecken diese Stücke für ihre Küche wieder.
Renate: Ja, das stimmt. Das ist wieder im Kommen. Beim Metzger oder an der Fleischtheke im Markt kann man auch wieder Euter oder Kutteln kaufen. Da gibt's so viel mehr zu probieren als nur Steaks!

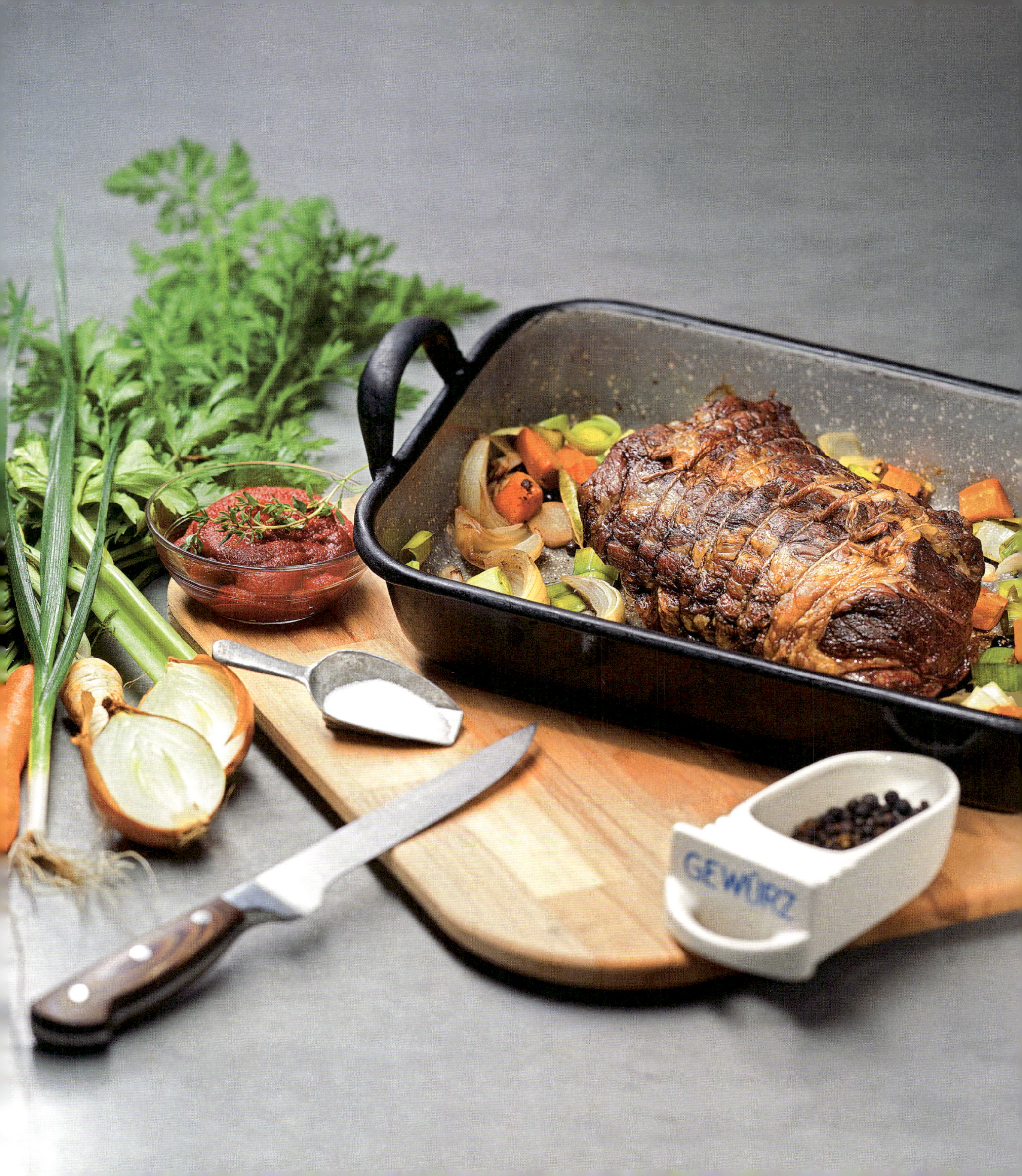
GEWÜRZ

„Unser knuspriger

Tafelspitz aus dem Ofen

- 1 kg Rindertafelspitz
- 25 g Butterschmalz
- 2 Zwiebeln
- 4 Karotten
- 1/2 Sellerieknolle
- 3 Petersilienwurzeln
- 1/2 Liter Brühe
- 1/8 Liter Sahne
- 10 g grüne Pfefferkörner

Den Tafelspitz rundherum schön salzen und pfeffern und in einen Bräter legen. Das Butterschmalz in einem Pfännchen heiß werden lassen und das Fleisch mit dem „heißen" Butterschmalz übergießen. Bei 200 °C in den vorgeheizten Backofen auf die zweite Einschubleiste von unten schieben.

Zwiebeln schälen und vierteln, Karotten, Sellerie und Petersilienwurzel schälen und in Scheiben schneiden und nach 30 Min. zum Tafelspitz geben. Brühe zugießen und den Braten mehrmals mit dem Fond begießen. Nun die grünen Pfefferkörner hacken und zugeben.

Nach insgesamt 1,5 Stunden Garzeit noch 1/4 Liter Wasser zum Bratensatz gießen und weitere 30 Min. garen. Die Garzeit beträgt insgesamt ca. 2 Stunden.

Den Tafelspitz und das Gemüse aus dem Bräter nehmen und im Ofen warm halten.

Den Bratensud durch ein Sieb streichen, in einen Topf geben und mit der Sahne zum Kochen bringen. Gegebenenfalls etwas abbinden. Nochmals aufkochen lassen und mit Salz und Pfeffer würzen.

Jetzt den Tafelspitz aus dem Ofen nehmen, in Scheiben schneiden und mit dem Wurzelgemüse und der Soße anrichten.

Zu diesem Festtagsbraten passen wunderbar Petersilienkartoffeln und Bayrisch' Kraut.

Glühwei

- 750 g Rinder-Burgunderbraten
- 2 Zwiebeln
- 2 Lorbeerblätter
- 1/2 Liter Glühwein
- 1 EL schwarze Pfefferkörner
- 2 Karotten
- Salz
- 1/2 Stange Lauch
- 1 kleine Sellerieknolle
- Pfeffer, ganz
- Piment, ganz
- Wacholderbeeren
- Rosmarin
- Lorbeerblätter
- etwas Öl
- 1 Zweig Thymian
- 1 EL Sahne
- 1 TL Speisestärke
- 4 EL Preiselbeeren

Fleisch kurz abwaschen und abtrocknen, rundum mit einer Gabel einstechen, Glühwein mit Salz, dem gewürfelten Gemüse, zerkleinerten Lorbeerblättern und den zerstoßenen Pfefferkörnern kurz aufkochen und diesen Sud über das Fleisch gießen. Thymianzweig dazugeben. Zugedeckt im Kühlschrank ca. 4 Tage unter täglichem Wenden durchziehen lassen.

Das abgetrocknete Fleisch mit dem in einem Mörser fein zermahlenen Salz, Pfeffer, Piment, Wacholder, Rosmarin, Lorbeer und Thymian einreiben. Öl in einem Bräter erhitzen und dann rundum den Braten scharf anbraten. Dann die in grobe Würfel geschnittenen Zwiebeln dazugeben. Mit dem Einlegesud zusammen mit dem Gemüse ablöschen und nach und nach angießen. Evtl. mit etwas Wasser verdünnen und etwa 1,5–2 Stunden bei kleiner Hitze weiterschmoren lassen. Wenn das Fleisch gar ist, den Sud durchsieben und die Soße einköcheln lassen. Zum Schluss 1–2 EL Preiselbeeren zugeben und die Soße dann noch mit etwas Salz und Sahne abschmecken. Wenn gewünscht, mit Stärke binden. Ich gebe noch gerne in die Soße etwas geriebenen Lebkuchen hinein. Den Braten danach in Scheiben schneiden und mit Preiselbeeren und der Soße servieren.

Dazu passen sehr gut Dattel-Blaukraut und Schupfnudeln.

inderbraten

Boefflamott

Boeuf à la mode,
bayerisches Traditionsgericht

- 1 kg Rindfleisch (flache Schulter oder Dicker Bug)
- Salz und Pfeffer
- etwas Zucker
- Butterschmalz
- Mehl
- Rotwein
- Rahm

Für die Marinade:
- 1 Tasse Essig (Weinessig)
- 750 ml Wasser
- 1 Karotte, grob zerteilt
- 1 Stück Knollensellerie, grob zerteilt
- 1 Zwiebel, in feine Scheiben geschnitten
- etwas unbehandelte Zitronenschale
- 2 Nelken
- 2 Lorbeerblätter
- 5 Körner Pfeffer, angedrückt
- 5 Körner Piment, angedrückt
- einige zerdrückte Wacholderbeeren

Alle Zutaten für die Marinade in einen Topf geben und zum Kochen bringen. Wieder abkühlen lassen, das Fleisch einlegen und für 2–5 Tage kühl stellen, gelegentlich wenden.
Danach das Fleisch herausnehmen, die Marinade wieder zum Kochen bringen, das Fleisch einlegen und in etwa 2 Stunden bei schwacher Hitze sanft weich kochen. Das Fleisch herausnehmen und warm halten. Den Sud abseihen und auffangen.

Mehl und eine Prise Zucker im Butterschmalz dunkelbraun rösten, unter Rühren mit dem Sud aufgießen und zu einer sämigen Soße kochen, mit Rotwein und Rahm verfeinern und mit Salz und Pfeffer abschmecken.
Das Fleisch in schöne Scheiben schneiden und in der Soße servieren.
Dazu Kartoffelknödel oder Semmelknödel reichen.

Rinderschulterbraten

- 2 kg Rinderschulter
- Salz
- Pfeffer aus der Mühle
- 1,5 Liter Rinderfond
- Rapsöl
- 1 kg Zwiebeln
- 200 g Karotten
- 150 g Sellerie
- 1 Stange Lauch
- Tomatenmark
- 50 g Mehl

Die Rinderschulter mit Salz einreiben und mit Pfeffer würzen. Den Ofen vorheizen. Die Rinderschulter in einer Kasserolle zuerst auf der Fettseite in Rapsöl, danach auf der Hautseite anbraten. Die Zwiebeln dazugeben und gut eine Stunde mitschmoren, bis sie goldgelb sind. Das Tomatenmark zugeben und alles nach ca. 15 Min. mit Mehl bestäuben und weiterschmoren, bis das Mehl verkrustet. Nun Karottenwürfel, Selleriewürfel (Petersilienwurzel) und Lauch dazugeben. Nach und nach mit Rinderfond aufgießen und noch 1 Stunde schmoren. Den Braten herausnehmen und warm stellen. Zum Schluss die Soße abschmecken. Variationen:
– an Allgäuer Whisky-Soße
– mit Zwetschgensoße
– an schwarzer Kümmelsoße

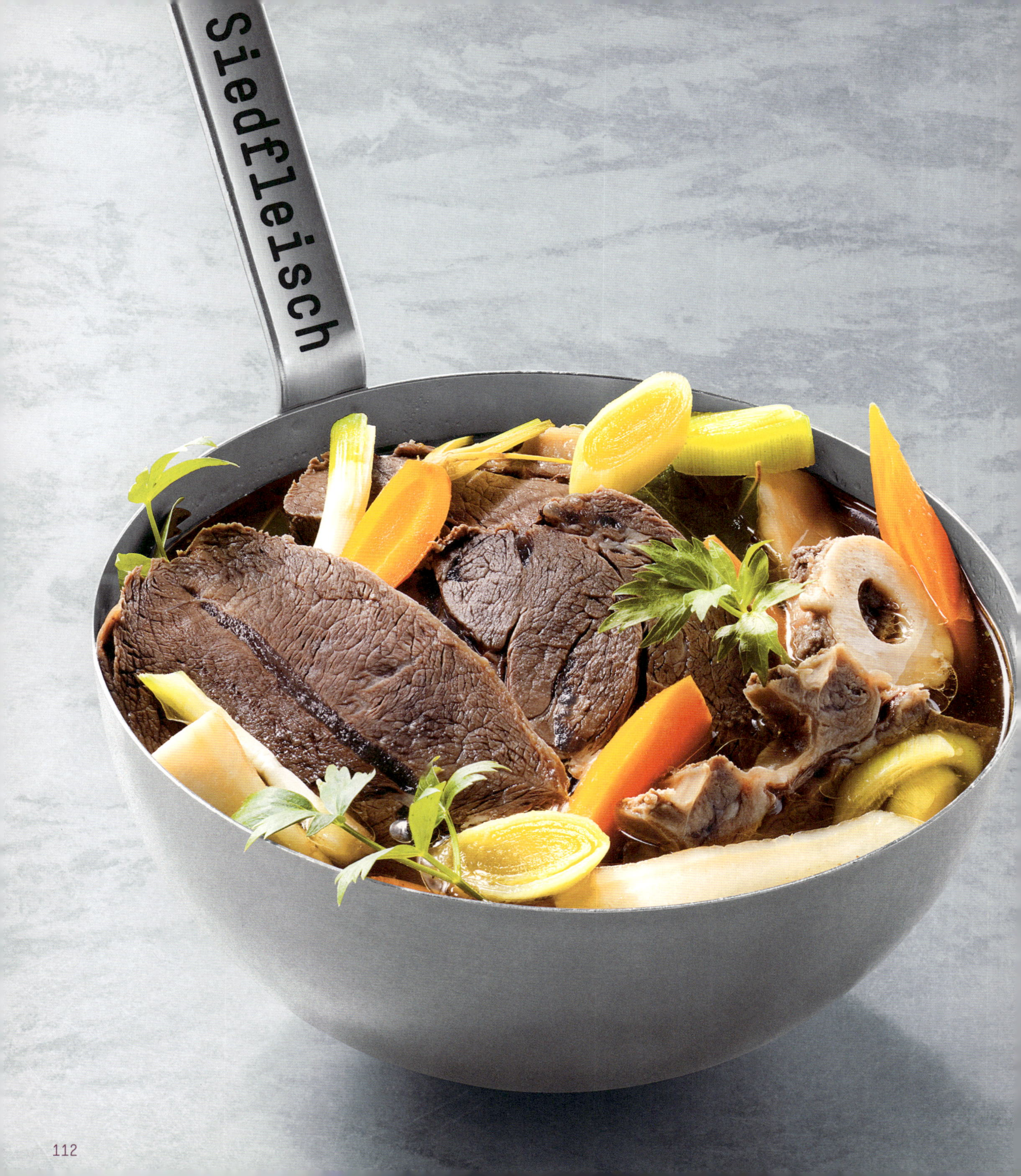
Siedfleisch

In der Brühe liegt die Kraft

Ein ganz typisches Aroma, ein überzeugend kräftiger Geschmack, das kommt vor allem vom Siedfleisch, jenen Stücken vom Rind, die stundenlang vor sich hingaren dürfen, just am Punkt kurz vor dem Kochen. Es sind die Hitze und die Zeit, die ihnen ganz langsam ihre Kräfte entlocken und so einen Sud von unvergleichbarer Eigenheit entstehen lassen. Das Fleisch wird dabei butterweich: zarteste Stücke, die auf der Zunge zerfallen und den Gaumen mit herrlichen Eindrücken verwöhnen. Nicht umsonst haben Böfflamott, Tafelspitz und Gaisburger Marsch legendäre Berühmtheit erlangt.

Der Name Suppenfleisch klingt eigentlich zu spröde für all die vielen feinen Sachen, die sich daraus zubereiten lassen. Charakteristisch ist das langfaserige Fleisch, gut durchzogen von Bindegewebe, Fett und Sehnen. Es bildet sich dort am Rind, wo Bewegung herrscht und wo die Muskeln beansprucht werden. Dazu gehören die Flanken (Dünnung), die Querrippe, die Wade (Hesse) an Vorder- und Hinterkeule sowie die Schulter (Bug), Brust und Schwanz. Werden sie gekocht, spielt alles ineinander: Das Fleisch gart und wird weich. Die Aromen und das Fett gehen ins Wasser über und verköcheln mit ihm zu einer herzhaften Brühe.

Diese Brühe ist die Quintessenz der Siedfleischgerichte. Aus ihr entstehen deftige Suppen und würzige Soßen. Sie gibt aber auch die ideale Kochflüssigkeit für Fleisch und Gemüse ab, da in ihr schon etliche Aromen und Inhaltsstoffe stecken. Die gehen ins Gargut über und so bleibt sein Geschmack erhalten. Oder er wird schlichtweg noch besser.

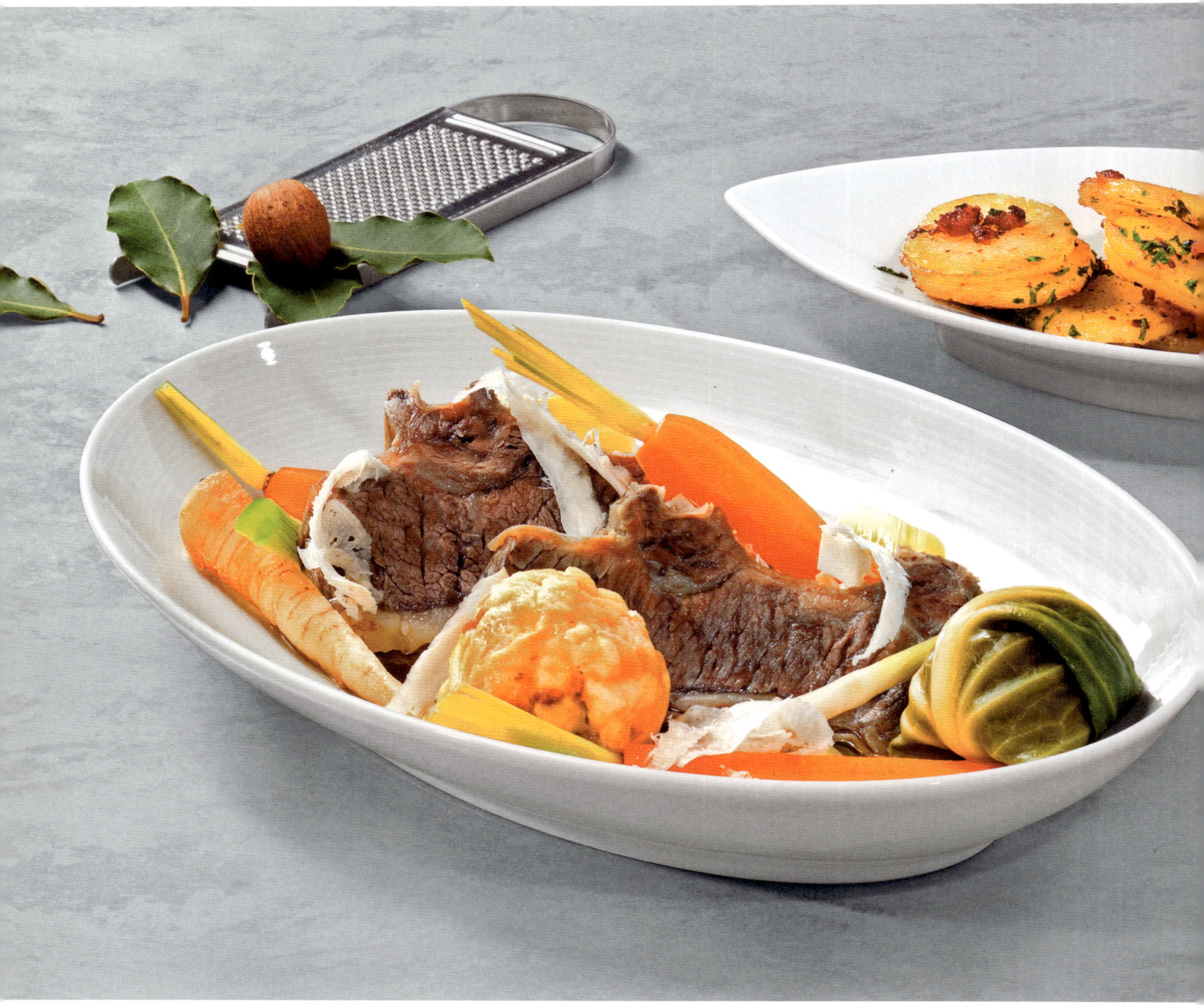

Beinfleisch mit Beilage

- 300 g Fleischknochen
- 250 g Markknochen
- 1 kg Beinfleisch-Zwerchrippe
- Salz
- 2 Lorbeerblätter
- 3 Nelken
- 5 Karotten
- 5 Frühlingszwiebeln
- 1 Lauch
- 1 Sellerieknolle

Für die Krautwickel:
- 1 Weißkraut
- Butter
- 2 Zwiebeln
- 100 g geräucherter LandZunge-Schweinebauch, gewürfelt
- 1 Bund Petersilie
- 300 g Schweine- und Kalbshackfleisch
- Milch
- 2 Semmeln
- 1 Knoblauchzehe
- Salz
- Pfeffer aus der Mühle
- etwas Majoran

Alle Knochen waschen. Einen Topf, dessen Größe für alle Knochen und das Fleisch ausreicht, gut zur Hälfte mit Wasser füllen, zum Kochen bringen und die Fleischknochen kurz kochen. In ein Sieb abschütten, in kaltem Wasser erneut ansetzen und zum Kochen bringen. Schaum abschöpfen. Das Beinfleisch mit Salz und den Gewürzen, der gebräunten Zwiebel und dem Suppengemüse zu den Knochen geben. Die Hitze reduzieren und ohne Deckel ca. 1 Stunde sieden lassen. Die Markknochen dazugeben und nun alles nochmals 1,5 bis 2 Stunden gar sieden. Das vorbereitete Gemüse gar kochen. Von dem Weißkrautkopf den Strunk rausschneiden, den Kohlkopf in kochendes Wasser tauchen. Kohlblätter lösen und in Eiswasser abschrecken. Aus dem Hackfleisch, dem Speck, Zwiebeln, Petersilie und den in Milch eingeweichten und ausgedrückten Semmeln eine gut abgeschmeckte Füllung zubereiten. Die Kohlwickel formen und in der Brühe in einem Topf garen. Nun das Fleisch in Brühe mit dem Gemüse und den Kohlköpfchen anrichten und mit Petersilienkartoffeln oder Bratkartoffeln servieren.

Rinderbeinscheibe mit Birne und Kürbiskernen

Zutaten für 8 Personen
- 1 Zwiebel
- 500 g Markknochen
- 4 Rinderbeinscheiben
- Salz
- 250 g Knollensellerie
- 250 g Steckrübe
- 250 g Karotten
- 100 g Porree oder Lauch
- 6 Stiele Petersilie
- 1/2 Bund Schnittlauch
- 40 g Kürbiskerne
- 60 ml Rapsöl
- 1 EL Zitronensaft
- Pfeffer
- 400 g Kartoffeln
- 6 Kochbirnen
- 20 g Meerrettich

Zwiebel halbieren und in einer Pfanne ohne Fett an den Schnittflächen goldbraun rösten. Knochen unter fließend kaltem Wasser abspülen, in kochendes Wasser geben, aufkochen, abgießen und kalt abspülen. Knochen und Beinscheiben mit 3,5 Liter kaltem Wasser, Salz und den Zwiebelhälften in einen Topf geben. Offen 2,5 Stunden bei mittlerer Hitze kochen lassen, dabei gelegentlich die Trübstoffe abschöpfen.

Inzwischen Sellerie, Steckrübe und Karotten schälen und in 2 cm große Würfel schneiden. Lauch putzen, das Weiße und Hellgrüne waschen und fein würfeln. Petersilie waschen, trocken schütteln, Blätter von den Stielen zupfen und grob hacken. Schnittlauch in feine Röllchen schneiden. Kürbiskerne in einer Pfanne ohne Fett anrösten und abkühlen lassen. Petersilie und Kürbiskerne mit Rapsöl und Zitronensaft im Küchenmixer mittelfein pürieren. Schnittlauchröllchen zugeben und mit Salz und Pfeffer würzen. Kartoffeln schälen, halbieren und 30 Min. vor Ende der Garzeit zum Fleisch geben. Birnen vierteln und mit Möhren, Sellerie und Steckrüben 20 Min. vor Ende der Garzeit zugeben. Porree 5 Min. vor Ende der Garzeit zugeben. Siedfleisch mit Salz und Pfeffer abschmecken und mit Kürbiskernpesto und frisch geriebenem Meerrettich servieren.

Allgäuer Backfleisch

- 800 g Rinderschulter, gekocht
- 100 g würziger Senf
- 100 g frisch geriebener Meerrettich (Kren)
- Salz und Pfeffer
- 80 g Mehl
- 1 großes Ei
- 100 g Brösel
- 250 g Butterschmalz
- 1 Zitronenscheibe
- 1 EL Preiselbeerkonfitüre

Die gekochte Rinderschulter in schöne Scheiben schneiden. Beidseitig salzen und pfeffern, eine Seite mit Senf bestreichen und mit Kren bestreuen, diesen fest andrücken. Dann in Mehl-Ei-Bröseln klassisch panieren und schwimmend in Butterschmalz goldgelb ausbacken.
Als Beilage bieten sich Petersilienkartoffeln an oder Kartoffelsalat mit Salatgurke. Natürlich darf die Zitronenscheibe als Deko mit einem Löffel Marmelade nicht fehlen!

Gaisburger Marsch

- 500 g PrimaRindfleisch aus der Schulter
- 1/2 TL Pfeffer
- 1 Lorbeerblatt
- Salz
- 3 Zwiebeln
- 250 g Mehl
- 3 Eier
- 1 TL Salz
- 500 g Kartoffeln
- 2 Karotten
- schwarzer Pfeffer aus der Mühle
- 1 EL Butterschmalz
- 1 Bund Petersilie
- 1 1/2 Liter Wasser

1,5 Liter Wasser, Pfefferkörner, Lorbeerblatt zum Kochen bringen. Zwiebeln schälen, Fleisch und eine Zwiebel zufügen und alles ca. 2 1/4 Stunden garen.
Für die Spätzle: Mehl, Eier, Salz knapp 1/8 Liter Wasser zum glatten, festen Teig verrühren. So lange schlagen, bis er Blasen wirft. Teig durch eine Spätzlepresse oder mit einem Hobel in kochendes Salzwasser drücken oder schaben (die Profis machen die Spätzle vom Brett), aufkochen lassen. Spätzle herausnehmen und kalt abspülen. Kartoffeln waschen, schälen und in große Würfel schneiden. Karotten putzen, waschen und in Scheiben schneiden.

Fleisch aus der Brühe nehmen und würfeln. Fleischbrühe durchsieben. Kartoffeln und die Karotten in der Brühe garen. Zum Schluss Spätzle und Fleischwürfel in die Brühe geben, noch einmal erhitzen. Mit Salz und Pfeffer lecker abschmecken. Die restlichen Zwiebeln in Würfel schneiden. Fett erhitzen. Zwiebelwürfel darin leicht bräunen. Petersilie waschen, fein hacken.
Nun den Gaisburger Marsch in einer Suppenterrine mit Zwiebelwürfeln und Petersilie anrichten und servieren.

Schulterblatt mit Wildkräutervinaigrette

- 1 kg Rindfleisch,
  von der Schulter ohne Knochen
- 2 Karotten
- 1/4 Sellerieknolle
- 1/2 Stange Lauch
- 2 Lorbeerblätter
- 2 Nelken
- 1 Zwiebel

Für die Vinaigrette:
- 3 Schalotten
- 1/2 Bund Schnittlauch
- 1 EL vonHier-Apfelessig
- Salz und Pfeffer aus der Mühle
- 2 El vonHier-Leindotteröl
- 1/8 Liter Rinderbrühe
- 2 gekochte Eier
- Salate der Saison

Suppengrün zusammen mit den Gewürzen und der Zwiebel in 2 Liter Salzwasser aufkochen, Rindfleisch hineinlegen und ca. 2 Stunden auf kleiner Flamme köcheln lassen. Nach dem Garen in der Brühe auf Zimmertemperatur auskühlen lassen und dann in dünnen Scheiben aufschneiden. Für die Vinaigrette die Schalotten in feine Würfel, den Schnittlauch in ebenso feine Röllchen schneiden. Mit allen Zutaten gründlich vermischen. Die Salate putzen und in kleine Stücke teilen, die Radieschen raspeln.

Zum Servieren je 2 dünne Scheiben der gekochten Rinderschulter auf Teller anrichten, mit Vinaigrette begießen und mit fein gehacktem Ei bestreuen. Nun den Salat der Saison in kleinen Bouquets um das Fleisch herum anrichten und ebenfalls mit Salatsoße begießen. Dazu Brat- oder Petersilienkartoffeln.

PS: Wenn man das Kochwasser nach dem Kochen durch ein Sieb lässt und noch etwas abschmeckt, ergibt es mit einer netten Einlage einen gute Rindfleischsuppe.

Vorderviertel

Kür für Kenner

Es gibt Teile vom Rind, die kennt und liebt jeder. Auch wenn sie einiges kosten, wie Filet und Roastbeef. Andere Stücke sind weniger bekannt und haben oft keinen oder keinen guten Ruf. Zu Unrecht: Noch unsere Großeltern wussten das Fleisch vom Vorderviertel zu schätzen. Und zwar nicht als Arme-Leute-Essen, sondern als Zutat für eine schmackhafte Küche voller Abwechslung.

Zugegeben, da ist Fett im Spiel, auch Sehnen und sogar Knochen. Doch genau darin liegt das Geheimnis dieser Teile. Fett ist schließlich ein Geschmacksträger. Außerdem: Wegen seines hohen Gehalts an Bindegewebe und Sehnen muss dieses Fleisch lange gegart werden und so entfalten sich seine Stärken nicht nur in Ruhe über die Zeit. Bei diesem Garprozess entstehen auch die fürs Braten, Backen, Rösten und Schmoren typischen Aromen sowie die klassischen dunklen Farben.

Bekannt und beliebt: Schmor- und Sauerbraten, Suppen und kräftige Brühen, Gulasch und Rouladen. Dafür kommen verschiedene Teile des Vorderviertels zum Einsatz. Wie sie heißen, hängt vom Zuschnitt der Metzger ab. Beispiel Bein: Es geht als Haxe oder Hesse in den Handel. Oder als Beinscheiben. Sie gelten als hochwertiges Suppenfleisch und eignen sich ideal zum Schmoren. Nicht umsonst eilt dem italienischen Ossobuco ein legendärer Ruf voraus.

Allerdings braucht niemand in die Ferne zu schweifen, denn heimische Gerichte schmecken mindestens genauso gut.

Nur: Die Kenner der Region genießen und schweigen. Anstatt die Werbetrommel zu rühren für Bug und Schaufelstück, für Hals und Hesse, für Querrippe, Brust und Knochen. Für all die Teile, die den Geldbeutel schonen, aber dem Gaumen höchste Genüsse bereiten.

Geschmorte Beinscheiben

- 3-4 kg Beinscheiben
- Salz und Pfeffer
- Lorbeerblatt
- Nelken
- Wacholderbeeren
- Mehl
- Butterschmalz
- 2 Zwiebeln
- 5 Karotten
- 1 Sellerieknolle
- 1 Lauch
- 1 Petersilienwurzel
- Schmand

Die Beinscheiben mit Salz und Pfeffer würzen und in wenig Mehl wenden. In einer Kasserolle das Butterschmalz erhitzen, die Beinscheiben darin von beiden Seiten anbraten, einen Deckel darauf geben und bei 220 °C in den Ofen schieben. Nach einer halben Stunde auf 180 °C reduzieren. Häufig mit Bratensaft begießen und gelegentlich etwas Rotwein oder Wasser zugießen. In der letzten halben Stunde das gewürfelte Gemüse und die Gewürze zu den Fleischscheiben geben und mitschmoren lassen. Zum Schluss Schmand in den Bratenfond einrühren. Die Beinscheiben herausnehmen, warm stellen und die Soße fertig machen.

Variationen
- mit Balsamicozwiebeln
- mit Mostäpfeln
- mit karamellisierten Herzkirschen

Rinderhackbraten

- 800 g Rinderhackfleisch
- 30 g Butterschmalz
- 1 Zwiebel, fein gehackt
- 2 EL Kräuter, fein gehackt (Petersilie, Schnittlauch)
- 3 EL Semmelbrösel oder altgebackener Semmel
- 1 Tasse Fleischbrühe
- 1 Ei
- Pfeffer, Salz
- 1 TL Paprikapulver, edelsüß
- 3 Frühlingszwiebeln
- 3 Nelken
- 3 Karotten
- 1 Lauchstange
- 1 Bleichsellerie

Butterschmalz erhitzen und die fein gehackte Zwiebel mit den Kräutern darin andünsten. Semmelbrösel oder eingeweichte Semmel zugeben, mit Fleischbrühe ablöschen, einkochen und kühl stellen.
Das Rindergehackte in einer Schüssel mit der abgekühlten Kräutermasse, den Gewürzen und dem Ei gut verkneten und zu einem länglichen Bratenstück formen. Etwa 30 Min. im Kühlschrank ruhen lassen. Das Gemüse putzen und klein schneiden, mit dem Hackbraten in eine Kasserolle geben. Auf einem Blech im Backofen ca. 60 Min. bei 200 °C braten.
Nach Ende der Garzeit den Hackbraten herausnehmen und aufschneiden. Auf einer Platte, umlegt mit den Gemüsen, servieren. Den Bratensaft durch ein Sieb geben und angießen.

Variationen
- mit geschmortem Spargel
- mit Bergkäsewürfeln
- mit Champignonköpfen
- mit Brennnessel

Sauerbraten

- 1,5 kg Rinderschulter (falsches Filet)
- 1/2 Liter Weinessig
- 2 Lorbeerblätter
- 4 Wacholderbeeren
- 2 Nelken
- Rosmarin und Thymian (1 Prise)
- Pfeffer, Salz
- Butterschmalz
- 1 Stück dunkle Sauerteigbrotrinde
- 3/8 Liter Sauerrahm
- 1 EL Mehl
- Zwiebeln
- Karotte
- 1 Bund Suppengrün (Porree, Möhren, Sellerie)

Essig mit 1/2 Liter Wasser zusammen erhitzen, die gewürfelten Gemüse und die Gewürze darin kurz aufkochen. Lauwarm über das in einen Topf gelegte Fleisch gießen (Tontopf), zudecken und im Sommer 2 bis 3, im Winter 4 bis 5 Tage an einen kühlen Ort stellen. Dabei hin und wieder wenden.
Braten herausnehmen, abtrocknen und mit Pfeffer und Salz würzen. In Butterschmalz auf allen Seiten kräftig anbraten, zwei Suppenkellen der Marinade und die abgetropften Gemüse und Gewürze zufügen, vorsichtig salzen, eine Brotrinde in die Soße legen und unter häufigem Begießen bei mittlerer Hitze etwa 2 Stunden braten. 1/4 Liter sauren Rahm über den Braten gießen. Ab jetzt häufiger begießen.
15 Min. später den Braten herausnehmen, auf den Rost legen und die Soße fertig machen. Zunächst etwas entfetten, dann den restlichen Rahm mit dem Mehl dazugeben und einige Zeit kochen lassen. Die Soße durch ein Sieb schütten und auch die Gemüse durchstreichen. Nochmals aufkochen lassen und über den in Scheiben geschnittenen Braten gießen.

Variationen
– mit Rosinen
– mit Apfelbalsamico
– mit Bodensee-Dörräpfeln
– mit Mandeln

Allgäuer Rindergulasch mit Pfifferlingen

- 1 kg Gulaschfleisch aus der Schulter vom PrimaRind
- 250 g Schalotten oder kleine Zwiebeln
- 8 Stück Bundkarotten
- 250 g Pfifferlinge (ersatzweise braune Champignons)
- 3 EL Rapsöl (vonHier)
- 2 Lorbeerblätter
- Salz und Pfeffer aus der Mühle
- 2 Knoblauchzehen
- 2 EL Tomatenmark
- 2 EL Mehl
- 1/8 Liter Rotwein
- 1 Zweig Thymian
- 4 EL Sahne
- 3/4 Liter Gemüsebrühe
- 100 g Speck (geräucherter Bauchspeck, durchwachsen)
- glattblättrige Petersilie
- Bio-Zitronenschale

Fleisch in Würfel schneiden (ca. 2 x 2 cm). Schalotten und Karotten schälen. Pfifferlinge (Champignons) putzen und wenn nötig, halbieren. Die Karotten in Scheiben schneiden.

Öl in einem Bräter oder Topf erhitzen und das Gulaschfleisch portionsweise kräftig anbraten, Schalotten und Karottenscheiben hinzufügen und mitbraten.

Mit den Gewürzen würzen (Thymian kommt erst später dazu). Zerdrückten Knoblauch zufügen und Tomatenmark einrühren. Alles mit Mehl bestäuben. Den Rotwein, einen halben Liter Gemüsebrühe angießen. Das Ganze 40 Min. schmoren lassen.

Thymian und Pfifferlinge (Champignons) zum Fleisch geben und nochmals mit einem 1/4 Liter Gemüsebrühe aufgießen. Weitere 30 Min. schmoren lassen.
Mit feinen Streifen von der Zitronenschale, Salz und Pfeffer aus der Mühle abschmecken. Lorbeerblätter und Thymianzweig entfernen.
Zum Schluss die Sahne unterrühren.
Das Gulasch auf einem großem Teller anrichten und mit den kross gebratenen Speckstreifen und frisch gehackter Petersilie bestreuen.

Dazu passen Spätzle sehr gut …

Innereien

Das 5. Viertel

Die einen verehren sie als Delikatessen, die anderen verirren sich nur selten in ihre Nähe. Innereien sind nicht jedermanns Sache. Und das, obwohl sie seit Jahrtausenden zum festen Speiseplan der Menschen gehören. Schon die Neandertaler schätzten diese guten Vitamin- und Eiweißlieferanten. So sehr, dass sie sie roh aßen. Dazu will dieses Kochbuch nun nicht verleiten, aber es bietet feine, klassische Rezepte, die Lust zum Probieren machen.

Herz, Leber, Niere, Zunge: Wer sie richtig zubereitet, sichert sich schnell eine Fangemeinde. Denn Kenner und Köche schwören auf den unverwechselbaren Geschmack. Sie wissen aber auch, dass die Zubereitung das A und O ist. Gelingt sie nicht, verbleiben Kutteln & Co. leicht als fade, kau-intensive Kindheitserinnerung für immer im Gedächtnis. Doch hier lohnen sich Neugier und Unvoreingenommensein. Vielleicht nicht gleich selbst loslegen, sondern erst einmal im Gasthaus Ihres Vertrauens den Koch ausfragen ...

So findet jeder seine Vorlieben, denn bei Konsistenz, Geschmack und Zubereitung gibt es etliche Unterschiede. Leber zum Beispiel: Viele mögen sie sauer, mal durch Sahne, mal durch Essig, und mit feinen Gewürzen aufgekocht, genauso viele mögen sie aber aus dem Backofen, mit Äpfeln und Zwiebeln, oder doch lieber scharf gebraten direkt aus der Pfanne. Dazu kommt eine innere Vielfalt, die erst einmal erforscht sein will: Maul, Magen, Bries (Thymusdrüse), Hirn, Euter, Lunge, Zwerchfell (Kronfleisch), Knochen- und Rückenmark, auch Blut oder gar Hoden gehören zu den essbaren Schätzen. Steht die Auswahl für Innerei und Rezept, dann zählt jetzt die Kunst der Köche!

Gebackener Kalbskopf

- 1/2 Kalbskopf-Maske
- 2-3 Liter Wasser
- Salz
- 1 Bund Suppengrün
- 1 Zwiebel
- 6 Pfefferkörner
- 2 Lorbeerblätter
- 4 Wacholderbeeren
- 3 Nelken
- 2 Knoblauchzehen, zerteilt
- abgeschälte Schale von 1 Zitrone
- 2 EL Essig
- Mehl
- 1 Ei
- Semmelbrösel
- Fett zum Backen
- 100 g Sauerrahm
- 50 g Bergkäse, gerieben
- Salz
- Pfeffer
- Schnittlauch

Die Kalbskopfmaske abspülen und in zwei oder in vier Stücke teilen. Die Kopfstücke in kochendes Salzwasser legen, Suppengrün, Zwiebel und sämtliche Gewürze dazugeben, so lange kochen, bis das Fleisch weich geworden ist. Das Fleisch erkalten lassen und in Würfel schneiden.
Für die Käsecreme den Sauerrahm mit Salz und Pfeffer verrühren, den herzhaften geriebenen Bergkäse unterrühren und zum Schluss den in Röllchen geschnittenen Schnittlauch untermengen.

Die kalten, ausgesulzten Kalbskopfwürfel würzen und nacheinander in Mehl, in aufgeschlagenem Ei und Semmelbröseln panieren, in Fett schwimmend backen. Auf einem Küchenkrepp abtropfen lassen und servieren.

Schwartenmagen

von Rind-, Schweins- und Kalbsbacken

- 1 Liter Wasser
- Salz
- 500 g Backen von Rind, Schwein, Kalb und Lamm
- 3 Kalbsfüße zerteilt
- 1 Zwiebel
- 2 Karotten
- 1 Lauch
- 1 kleine Sellerieknolle
- 2 Lorbeerblätter
- 5 Wachholderbeeren
- 3 Nelken
- 3 Pfefferkörner
- etwas Apfel-Balsamessig
- 8 Senfgurken
- etwas Petersilie

1 Liter Salzwasser zum Kochen bringen. Die Kalbsfüße sowie die Backen waschen, hineingeben, zum Kochen bringen und während dem köcheln ab und zu abschäumen.

Die Zwiebel schälen, das Wurzelgemüse waschen und schälen und mit Lorbeerblätter, Pfefferkörner; Wacholderbeeren und Nelken dem Kochtopf hinzufügen. Die Kalbsfüße und Backen in etwa 1,5 Stunden gar kochen lassen.

Nun aus der Brühe nehmen, erkalten lassen, die Backen in Würfel schneiden, die Brühe durch ein Sieb gießen, mit etwas Apfelbalsam-Essig, Salz und Zucker abschmecken.

Die Brühe wieder zum Kochen bringen, von der Kochstelle nehmen, etwas abkühlen lassen und die Backenwürfel sowie die vorbereiteten Senfgurkenwürfel, die Petersilie und die Senfkörner hinzugeben.

Die Flüssigkeit mit dem Fleisch und den Senfgurkenwürfeln und der gehackten Petersilie und den Senfkörnern nun in Weckgläser füllen und im Kühlschrank erstarren lassen.

Den leckeren Schwartenmagen servieren wir im Weckglas.

Zungen-Carpaccio

von Rind, Schwein, Kalb und Lamm mit Apfel-Vinaigrette

- Je 1 gepökelte Zunge vom Rind, Schwein, Kalb und Lamm
- 6 Pfefferkörner
- 2 Lorbeerblätter
- 4 Wacholderbeeren
- 3 Nelken
- 2 Pimentkörner
- 1/2 Liter Wasser
- 1 EL Salz
- Wurzelgemüse
- 2 Zwiebeln
- 3 Schalotten
- 1 Bund Schnittlauch
- 2 EL Apfel-Balsamessig
- Salz und Pfeffer aus der Mühle
- Zucker
- 4 EL Rapsöl
- 2 Äpfel
- Kochsud von den Zungen

Die geputzten Zungen unter fließendem Wasser waschen, dann zusammen mit Gewürzen und Salz ins kalte Wasser geben. Bei starker Hitze aufkochen, dann im geschlossenen Topf zwei Stunden garen lassen. Das Wurzelgemüse putzen, waschen, und zerkleinern, die Zwiebeln schälen. Diese Zutaten mit zu den Zungen geben und etwa eine weitere Stunde garen. Anschließend die Zunge aus der Brühe nehmen und abkühlen lassen. Die Haut an den Seiten mit einem spitzen Messer lösen und abziehen. Für die Vinaigrette die Schalotten würfeln, den Schnittlauch in Röllchen schneiden. Alle Zutaten gut verrühren und lecker abschmecken, zum Schluss noch den in feine Streifen geschnittenen Apfel unterheben. Die Zungen in sehr feine Scheiben schneiden, gefällig auf einem Teller anrichten und mit der Vinaigrette überziehen.

Tomatisierte Kuttelsuppe

- 400 g Kutteln, vorgekocht
- 2 Schalotten
- 1/2 Liter Rinderbrühe
- 20 g Tomatenmark
- 120 g Wurzelgemüse (Karotten, Sellerie, Lauch, Petersilienwurzel)
- 3 Höri-Bülle
- 20 ml Rapsöl
- 20 g Mehl
- Oregano
- Basilikum
- Salz, Pfeffer aus der Mühle
- Balsamicoessig

Die Kutteln abspülen und in Streifen schneiden. Nun Rapsöl in einen Topf geben, die fein geschnittenen Schalotten dazu, und glasig anschwitzen. Nun das Tomatenmark und das Mehl einrühren und mit wenig Rinderbrühe ablöschen. Kurz reduzieren lassen. Jetzt das in Würfel geschnittene Wurzelgemüse dazugeben, die in Spalten geschnittene Höri-Bülle dazu und mit der restlichen Rinderbrühe angießen. Nun alles zusammen mit den in Streifen geschnittenen Kutteln weich kochen. Zum Schluss den Oregano, das fein geschnittene Basilikum hinzufügen und mit Salz, Pfeffer und Balsamicoessig fein abschmecken.

Saures Leberle

- 400 g Kalbsleber
- 20 g Butterschmalz
- 2 Schalotten
- 3 EL Bodensee-Rotwein
- 2 EL Apfelessig
- 3 Essiggurken
- Petersilie
- Salz, Pfeffer
- 1/4 Liter Bratensoße
- 1/8 Liter Sahne
- ein Schluck Leibinger Seeweisse

Die Leber fein schnetzeln. Das Butterschmalz in einer Pfanne erhitzen, die geschnetzelte Leber dazugeben und anbraten (nicht würzen, sonst wird sie hart), danach in eine Schüssel geben. Nun die fein geschnittenen Schalotten anschwitzen, mit Rotwein und Apfelessig ablöschen, die Bratensoße angießen und gut köcheln lassen. Jetzt die in Streifen geschnittenen Essiggurken dazugeben, mit Salz und Pfeffer abschmecken und zum Schluss die Leber wieder hinzufügen, kurz erhitzen und mit Petersilie bestreuen, dann servieren. Für den Bierschaum Butter schmelzen, das Mehl einrühren mit Sahne und Leibinger Seeweisse auffüllen und köcheln lassen. Nun noch lecker abschmecken, durch ein Sieb in einen Sahnebläser schütten, verschließen, Patrone aufsetzen und eine Haube Bierschaum auf die Leber geben.

Seeweiss

Gefüllte Kalbsmilz

- 1 Kalbsmilz
- 300 g gemischtes Hackfleisch
- 2 Zwiebeln
- 2 Eier
- 80 g Weißbrotwürfel
- Petersilie
- Salz, Pfeffer
- Muskat
- 50 g Speckwürfel
- etwas Majoran
- 100 g Wurzelgemüse (Karotten, Lauch, Sellerie, Zwiebel)
- 1/2 Flasche Weizenbier
- 2 Lorbeerblätter
- 3 Nelken
- 5 Wacholderbeeren

Den Metzger bitten, dass eine Tasche in die Milz geschnitten wird. Das Hackfleisch in eine Schüssel geben. Die Zwiebeln fein schneiden, die Petersilie hacken. Nun die Zwiebeln in Rapsöl glasig anbraten, die Petersilie kurz hinzufügen und zusammen zum Hackfleisch geben. Nun das Hackfleisch mit Salz, Muskat, Pfeffer, Majoran würzen. Die Speckwürfel, die Weißbrotwürfel sowie die Eier dazugeben und alles gut vermischen. Die Mischung jetzt in die Tasche der Milz füllen und zunähen. Die Milz mit einem Wurstgarn gleichmäßig binden. Nun in Salzwasser mit dem Weizenbier und dem Gemüse sowie den Gewürzen ca. 1,5 Stunden sieden lassen. Vor dem Servieren die Milz in Scheiben schneiden und mit einem Kartoffel-Endivien-Salat anrichten.

Kalbsbriesstrudel

- 200 g Kalbsbries
- 100 g Kalbsbrät
- 1 Ei
- Strudelteig
- 8 Mangoldblätter
- Pfeffer/Salz
- 30 g gehackte Haselnüsse
- Butter
- 120 g Rote Bete
- 120 g Sellerie
- 200 g Kartoffeln
- 1/4 Liter Milch
- 1/4 Liter Sahne
- Muskatnuss
- 80 g Butter
- 50 g Butterschmalz
- 50 g Mehl
- 1/4 Liter Brühe
- ein Schluck Schäffler Tripple-Bier
- 2 Lorbeerblätter
- 3 Nelken
- 5 Wacholderbeeren
- 1 Sternanis

Das Kalbsbries in kleine Röschen zerteilen und in Butterschmalz anbraten, mit Salz und Pfeffer würzen. Erkalten lassen. In eine Schüssel das Kalbsbrät geben. Das Ei und die Haselnüsse hinzufügen und gut mischen. Nun das Kalbsbries vorsichtig unterarbeiten. Die Mangoldblätter kurz in Salzwasser blanchieren. Danach in Eiswasser abschrecken und auf Küchenkrepp abtrocknen. Den Strudelteig ausbreiten, die Mangoldblätter darauf verteilen. Jetzt die Brätmischung gleichmäßig darauf verstreichen. Dann aufrollen und in Form bringen, mit Butter bestreichen und im Backofen ausbacken. In zwei verschiedenen Töpfen je Rote Bete mit Kartoffeln sowie Sellerie mit Kartoffeln kochen. Nun wie beim klassischen Kartoffelpüree mit Milch, Butter und Sahne zweierlei Pürees herstellen. Für die Soße eine braune Mehlbrenne herstellen, diese mit Brühe angießen. Die Gewürze dazugeben und gut köcheln lassen. Zum Schluss, vor dem Servieren, noch fein mit Schäffler Tripple-Bier abschmecken. Den Strudel nun mit den zweierlei Pürees und der Soße in Optik wie ein Dessert anrichten.

133

Rinderherz

Kalb

Rinderherz

- 1 kg Herz vom PrimaRind
- Salz und Pfeffer aus der Mühle
- Majoran
- 4 Zwiebeln
- 1 Knoblauchzehe
- 250 g Wurzelgemüse (Karotten, Sellerie, Petersilienwurzeln)
- 1 Schluck Zöttler Korbinian
- 4 Kartoffeln
- 80 g Speck
- 2 EL Tomatenmark
- Thymian

Das Rinderherz halbieren, gut auswaschen und in Würfel schneiden, mit Salz, Pfeffer, Majoran und Thymian würzen. Den kleinwürfelig geschnittenen Speck anschwitzen lassen und das Herz mit den klein geschnittenen Zwiebeln und geriebenem Knoblauch dazugeben, anrösten. Das in Würfel geschnittene Wurzelgemüse und Tomatenmark dazugeben und fingerhoch mit „Korbinian" auffüllen. Zugedeckt langsam weich kochen. Fein gehobelte Kartoffeln dazugeben und so lange weich kochen, bis die Kartoffeln zerfallen. Dies ergibt die ideale Bindung.

Kalbsnieren

- 400 g Kalbnieren, geputzt
- 2 EL Apfelessig
- 3 Schalotten
- 1 Fenchel
- 2 Zweige Estragon
- 1/8 Liter Wermuth
- 1/4 Liter Sahne
- 2 EL mittelscharfer Senf
- etwas Rapsöl
- Salz, Pfeffer aus der Mühle

Die Nieren in Scheiben schneiden. Wenig Wasser mit dem Essig verrühren und die Scheiben für etwa 3 Std. darin einlegen. Anschließend die Schalotten fein würfeln, den Fenchel in feine Streifen schneiden und den Estragon hacken. Nun die Nierenscheiben auf einem Küchenkrepp trocknen und in einer Pfanne mit heißem Rapsöl anbraten. Die Nieren aus der Pfanne nehmen. In der Pfanne nun die Schalotten und den Fenchel glasig anbraten, mit Wermut ablöschen und mit der Sahne angießen, alles leicht köcheln lassen. Jetzt den Senf und den Estragon einrühren, mit Salz und Pfeffer fein abschmecken. Vor dem Servieren die Nierenscheiben dazugeben, kurz erhitzen und anrichten.

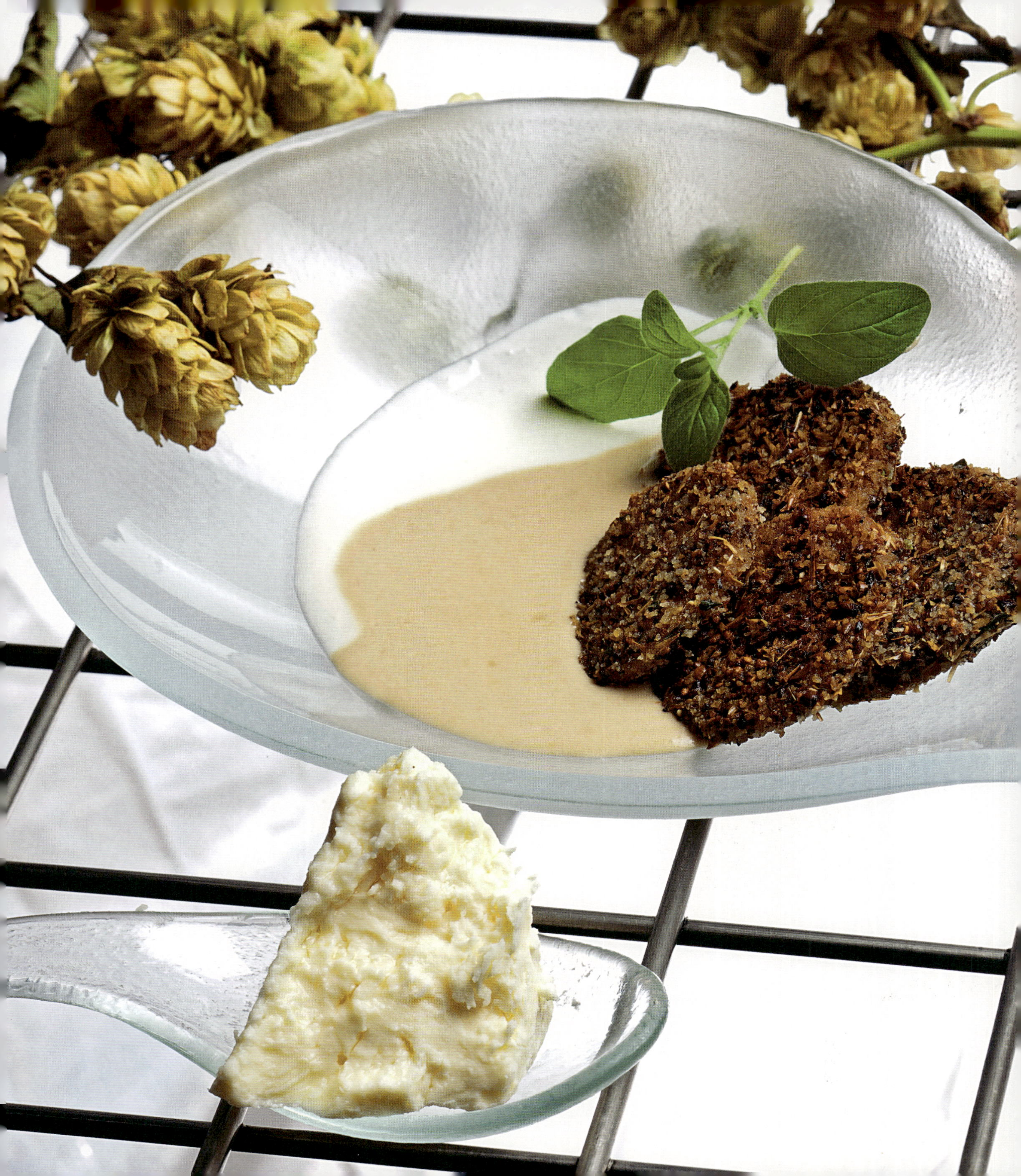

Das gekochte Kuheuter in feine Scheiben schneiden. Nun rund ausstechen, mit Salz und Pfeffer würzen und mit Mehl, Ei sowie Semmelbröseln mit dem Braumalz klassisch panieren.
Für die Creme in einer Schüssel den Weißlacker zerbröseln und mit Sauerrahm glattrühren. Jetzt mit Pfeffer aus der Mühle würzen.
Die Kuh-Chips in der Fritteuse frittieren oder in der Pfanne ausbacken.
Nun für die Soße aus Eiern und Bier in einer Schüssel über Wasserdampf eine luftige Creme aufschlagen. Alles zusammen zu den Kuheuter-Chips servieren.

Kuheuter-Chips

- 300 g gekochte Kuheuter
- 50 g Mehl
- 2 Eier
- 80 g Semmelbrösel
- 30 g Braumalz
- Salz, Pfeffer
- 125 g Sauerrahm
- 50 g Weißlacker
- 2 Eier
- ein Schluck naturtrübes Bier
- etwas Kerbel

Wildes(s) Vergnügen

Am Spieß gebraten, überm Feuer gegart. Da verlieren viele Kenner die Contenance: Mit welcher Begeisterung sich so ein wildes Schwein verzehren lässt, wissen wir spätestens seit Asterix und Obelix. Allerdings braucht's hier starke Hände und sehr viel Zeit. Denn es ist nicht einfach, so eine Sau zu füllen, aufzuspießen und in der Hitze rotierend zu brutzeln. Und dann wär' da noch die Fangmethode...

Zum Glück erledigen das heute die Jäger. Experten, die sich auf ihre Arbeit verstehen. Sie kennen ihr Revier und die Tiere, sie wissen, wann welches zu schießen ist. Sie behandeln das Fleisch so, dass bei Kunden und Metzgern, bei Händlern oder Wirt und Wirtin nur beste Qualität ankommt. Vorbereitet in einer Art, dass niemand mehr wie Obelix ein Tier im Ganzen grillen muss.

Da macht die wilde Kochkunst Spaß und jeder kann bestehen. Zwar ist der Wald ein Ort der Märchen, doch ein sagenhaft gutes Wildgericht gelingt glatt ohne Zauberei. Zu beachten ist nur, dass das Fleisch einen sehr ausgeprägten Geschmack hat – ungewohnt für manche Zunge. Der Vorteil: Zu so kräftigen Aromen passt auch kräftige Begleitung. Preiselbeeren, Koriander, schwere Weine, starkes Bier, Wacholderbeeren, Hagebutten. Das wilde Probieren kennt da kaum Grenzen.

Was frisch auf den Tisch kommt, hängt von der Jahreszeit ab. Reh gibt es von Mai bis Mitte Januar, Rotwild ab Juni, Hasen und Wildenten nur in Herbst und Winter, Wildschwein dafür ohne Pause. Die Liebhaber der wilden Küche gehen allesamt d'accord: Wildbret schmeckt und ist gesund. Nicht der Festtag gibt Anlass zum Wild. Sondern das Wild auf dem Teller ist der Grund fürs Fest.

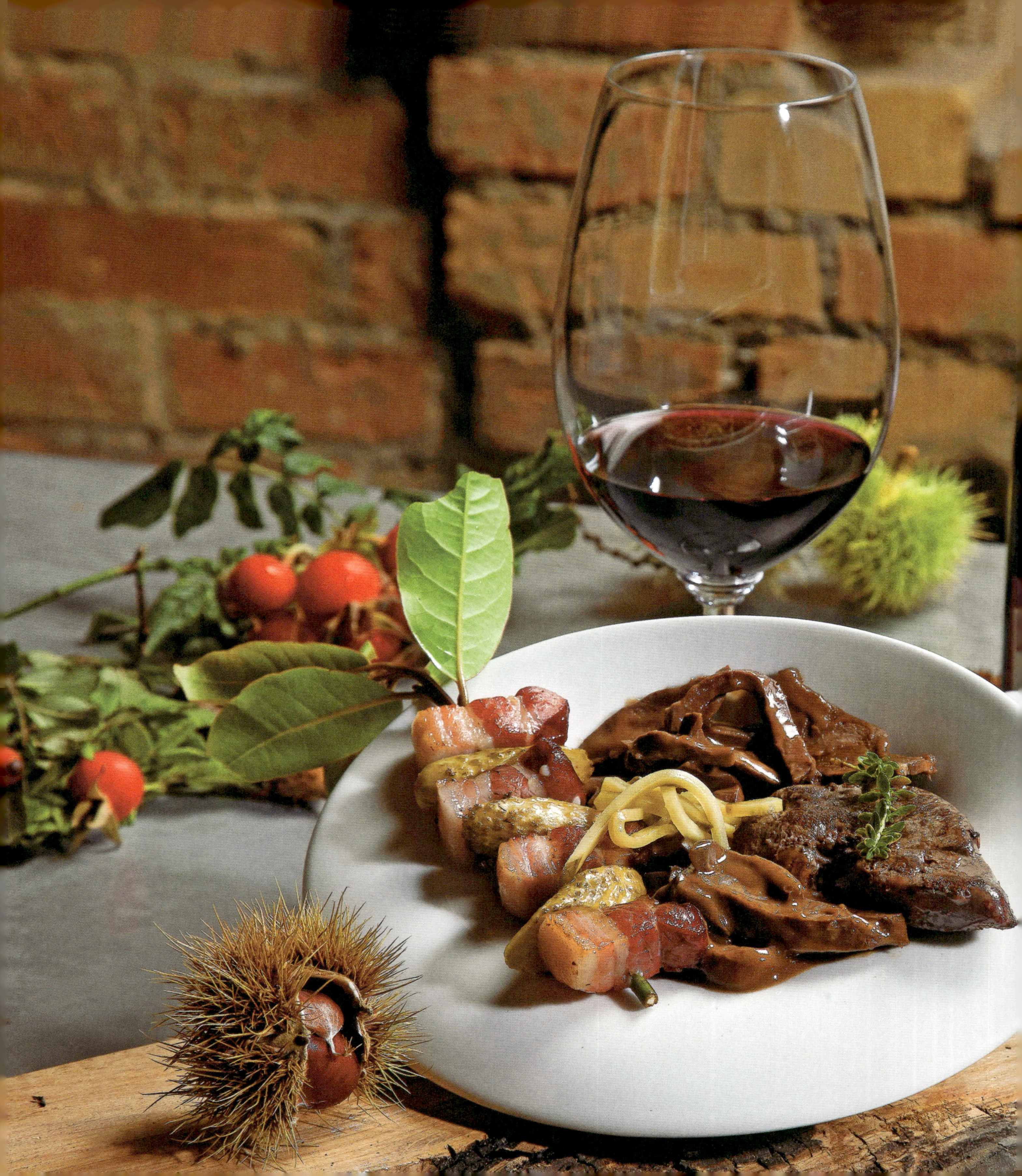

- 400 g frische Lunge vom Reh
- 400 g frisches Herz vom Reh
- Salz
- 2 Karotten
- 1 Petersilienwurzel
- 1 Sellerieknolle
- 1 Zwiebel
- 4 Pimentkörner
- 1 Lorbeerblatt
- 4 Wacholderbeeren
- 8 weiße Pfefferkörner

Für die Soße:
- 60 g Butterschmalz
- 50 g Mehl
- 1/8 Liter Brühe
- 200 g Saure Sahne
- 2 EL Balsam-Apfelessig
- 80 g Speck
- 40 g Essiggurken

Beuscherl vom Reh

Lunge und Herz gut waschen und in Salzwasser mit dem klein geschnittenen Wurzelgemüse, der Zwiebel und den Gewürzen weich kochen. Die gekochten Innereien abkühlen lassen und in feine Streifen schneiden. Butterschmalz im Topf auslassen, Mehl zugeben, umrühren und eine dunkle Einbrenne zubereiten. Mit der Brühe aufgießen und dabei ständig rühren und köcheln, bis eine dicke Soße entsteht. Danach die Saure Sahne einrühren und die zerkleinerte Lunge und das Herz unterheben. Mit Salz und Balsam-Apfelessig würzen, nochmals unter ständigem Rühren aufkochen lassen. Das fertige Beuscherl mit feingeschnittenem Speck und Essiggurkenstreifen bestreuen und am besten mit Steinpilz-Semmelknödeln servieren.

Koteletts vom Allgäuer Reh

- 8 Rehkoteletts
- Salz, Pfeffer aus der Mühle
- 2 EL Gewürz-Dattel-Essig
- 125 g Butter
- 200 g Toastbrot
- 100 g Bodensee-Dörrobst
- etwas Butterschmalz
- 40 g Butter
- 4 EL Hagebuttengelee
- 1 TL Pfefferkörner, grün
- 1/4 Liter Rotwein
- 4 Schalotten

Die Butter schaumig rühren, von dem Toastbrot die Kruste schneiden und das Innere in feine Würfel schneiden. Nun das Obst fein würfeln und alles zusammenmischen. In einer Alufolie eine Rolle formen und im Kühlschrank erstarren lassen. Nun die Rehkoteletts würzen, mit einer Spritze den Gewürz-Dattel-Essig jeweils in die Koteletts indizieren.
Die Schalotten fein würfeln, in einem Topf mit Butter anschwitzen und mit Rotwein ablöschen. Nun das Hagenbuttengelee dazugeben und ein reduzieren lassen, mit Salz abschmecken und danach die Pfefferkörner hinzufügen ...
Die gewürzten Koteletts nun in Butterschmalz von beiden Seiten anbraten, auf ein Blech legen und jeweils mit einer Scheibe der Buttermischung belegen. Bei Oberhitze überbacken. Die Koteletts mit der Soße anrichten und servieren.

Zu diesem Gericht sind Maroni-Spätzle und glasierte Rosenkohlblätter empfehlenswert.

Sülze vom

Hirsch

- 500 g Hirsch-Tafelspitz
- 8 Blatt Gelatine
- 20 g Salz
- 6 Pfefferkörner, schwarz
- 2 Lorbeerblätter
- 4 EL Weißgold-Essig
- 1 1/2 Liter Rinderbrühe
- 10 Knochen vom Hirsch
- Wurzelgemüse (Karotten, Lauch, Sellerie, Petersilienwurzel)
- 1 kleine Zwiebel
- 1 Wacholderbeeren
- 1 Knoblauchzehe
- 1 Blaukraut
- 1 Lauch

Das Fleisch mit den Knochen, den Pfefferkörnern, Lorbeerblättern, Wacholderbeeren, Zwiebel, Knoblauch und dem Wurzelgemüse in der Rinderbrühe weich kochen. Das Fleisch herausnehmen und erkalten lassen, die Brühe durch ein Sieb gießen und nun mit den restlichen gemahlenen Gewürzen kurz aufkochen lassen. Dann rasch etwas abkühlen lassen auf 70 °C. Blaukraut und Lauch in feine Würfel bzw. Ringe schneiden, dann kurz ankochen und im Eiswasser abschrecken. Das Fleisch in kleine Würfel schneiden. Nun die Gelatine entsprechend der Vorgabe anwenden und mit Weißgold-Essig abschmecken.
Das geschnittene Fleisch mit den Gemüsewürfeln abwechselnd in eine passende Form oder Schüssel legen, die Brühe mit der Gelatine darübergießen und im Kühlschrank erstarren lassen.

Dazu passen herbstlicher Salat mit Quitten-Vinaigrette und ein Kompott aus Holunderbeeren und Williamsbirne.

- 1 kg Wild-Hackfleisch
- 2 altbackene Semmeln
- 2 Eier
- 3 Knoblauchzehen
- 40 g Tomatenmark
- 2 Zwiebeln
- 1 EL Senf
- Salz und Pfeffer
- 1 Kopf Weißkraut
- Paprikapulver
- 1/8 Liter Bodensee-Weißwein
- Zimt
- 50 g Preiselbeeren
- 1 Schweine-Netz
- 100 g alter Bergkäse
- 1/4 Liter Bratensoße

Krautwickel vom Wild

Mit einem scharfen Messer den Strunk herausschneiden und die Kohlblätter vorsichtig ablösen. Dann 10 Min. in Salzwasser kochen und in Eiswasser abschrecken. Das Wildhackfleisch mit den eingeweichten Semmeln, Eiern, Knoblauch, Senf, Zwiebeln, Salz, Pfeffer und Paprika mischen. Nun den klein geschnittenen Bergkäse daruntermengen und kleine Kugeln formen. Mit den großen Weißkohlblättern umwickeln und mit dem Schweine-Netz umwickeln.
In der Pfanne anbraten und in eine feuerfeste Form geben. Den restlichen Kohl klein schneiden und mit Zwiebel und Tomatenmark in dem Fett anschmoren. Mit etwas Wasser ablöschen und die Bratensoße angießen. Nun mit Salz und Pfeffer abschmecken und das Ganze über die Kohlrouladen gießen. Für ca. 1–1,5 Stunden bei 200 °C in den Backofen schieben. Zum Schluss die Soße mit Zimt abschmecken und mit Preiselbeeren vollenden.
Dazu serviert man gerne Rahmwirsing und Schupfnudeln mit schwarzem Sesam.

147

Rehragout, mediterran angehaucht

- 800 g Rehgulasch
- 5 EL Rapsöl
- Salz und Pfeffer aus der Mühle
- 2 EL Tomatenmark
- 200 ml kräftiger Rotwein
- 100 g Sellerieknolle
- 100 g Karotten
- 100 g Lauch
- 1 Knoblauchzehe
- 5 Tomaten
- 15 kleine Schalotten
- 10 Datteln
- 1 unbehandelte Zitrone
- etwas Zimt
- 2 Zweige Thymian
- 1 Zweig Rosmarin
- 2 Blätter Salbei
- 1/2 Liter Wildfond

Das Rehgulasch mit Salz und Pfeffer würzen und portionsweise im Rapsöl scharf anbraten. Alles Fleisch wieder in den Bräter geben und mit dem Tomatenmark verrühren. Kurze Zeit anschwitzen lassen, dann den Rotwein zugießen, bei geringerer Hitze das Fleisch im geschlossenen Topf 25 Min. köcheln lassen.
Sellerie, Karotten und Lauch in kleine Würfel schneiden. Den Knoblauch schälen und ebenfalls fein würfeln. Die Tomaten überbrühen, abziehen, entkernen und grob würfeln. Die Schale der Zitrone abreiben.

15 kleine Schalotten schälen. Die Datteln in Würfel schneiden.
Nach 25–30 Min. das gewürfelte Gemüse, Tomaten, Schalotten, die gewürfelten Datteln, Zitronenschale und Gewürze sowie die Kräuter und den Zimt zum Rehragout geben, unter Rühren anschwitzen und nochmals 30 Min. im offenen Topf köcheln lassen. Dabei nach und nach den halben Liter Wildfond angießen.

Dazu servieren wir Rotkraut und Eierknöpfle.

Hirschkeule mit Holunder-Birnensoße

- ca. 1 kg Hirschkeule
- 2 Zwiebeln
- 100 g Wurzelgemüse (Karotten, Sellerie, Petersilienwurzel), gewürfelt
- 50 g Lauch, in Stücke geschnitten
- 150 ml Holundersaft
- 150 ml Birnensaft
- 1 TL flüssiger Honig
- 1 TL Thymian, getrocknet
- 12 Wacholderbeeren
- 1 TL schwarze Pfefferkörner
- 1 TL Koriandersamen
- Salz
- 4 EL Öl

Thymian, Wacholderbeeren, Pfefferkörner, Koriandersaat und 1 TL Salz am besten im Mörser fein zerstoßen. Hirschkeule damit rundum einreiben. 3 EL Öl in einem großen Bräter erhitzen, Hirschkeule darin bei mittlerer Hitze auf beiden Seiten 5 Min. anbraten, herausnehmen.
Zwiebeln würfeln. 1 EL Öl zum Bratfett geben, Zwiebeln und Wurzelgemüsewürfel darin bei mittlerer Hitze 3 Min. anbraten. Hirschkeule auf das Gemüse legen. Holunder- und Birnensaft sowie 1 TL Honig zugeben. Zugedeckt aufkochen. Die Hirschkeule im vorgeheizten Ofen bei 160 °C auf dem Rost der untersten Schiene 1,5 bis 2 Stunden zugedeckt schmoren und nach ca. 90 Min. den Lauch dazugeben.
Fleisch herausnehmen. Fest in Alufolie wickeln und im ausgeschalteten Ofen ruhen lassen. Den Bratensatz im Bräter lösen. Durch ein Sieb in einen Topf streichen, damit das Gemüse in der Soße für Bindung sorgt. Mit Salz, Pfeffer und evtl. Honig abschmecken. Wenn die Soße zu süß sein sollte, einfach mit ein wenig Balsamessig abrunden. Hirschbraten aufschneiden und mit der Soße servieren.

Dazu passen sehr gut Haselnussspätzle, Blaukraut und glasierte Birnenspalten.

Weit und breit kein Meer in Sicht und doch bietet die Region eine Vielzahl an Fischen. Heimische, frische Fische. Forellen, Saiblinge und Karpfen tummeln sich in den Gewässern, ebenso Aale, Barsche, Hechte, Zander und das berühmte Bodenseefelchen. Doch nicht nur aus dem Bodensee kommen die schwimmenden Delikatessen. Auch die Fischzucht in Teichen und Weihern ist hier seit Jahrhunderten heimisch. Klassisches Beispiel: der Rößlerweiher nordöstlich von Ravensburg. Über Jahrhunderte gehörte er zum einstigen Kloster Weingarten und liefert noch heute reiche Ausbeute.

In den Gasthäusern der Region finden Sie hiesigen Fisch auf fast jeder Speisekarte. Etwas schwieriger wird es, wenn Sie ihn selbst zubereiten wollen. Es sei denn, Sie weilen gerade am Bodensee mit seinen vielen Märkten und spezialisierten Geschäften. Dort bietet sich der Einkauf an. Oder Sie sind Angler. Für die gibt es hier eine große Auswahl an Gewässern. Ansonsten lohnt sich ein Blick in die Lebensmittelmärkte. Überhaupt: Halten Sie Augen und Ohren offen, denn Fischzuchten und Räuchereien gibt es an vielen Orten, oft da, wo Sie kaum damit rechnen.

Fischgerichte sind meist schnell zubereitet. Ein Filet in die Pfanne, von beiden Seiten anbraten und der Genuss kann beginnen. Das geht fix und schmeckt wunderbar. Natürlich dürfen Sie auch mehr Aufwand betreiben dank einer Vielzahl an Rezepten. Doch ob blau, geräuchert, gegrillt oder gebraten, gedämpft oder gebacken – am Ende lockt immer ein schmackhaftes Vergnügen. Außergewöhnlich wird's mit Raritäten wie Kaviar von Felchen und Forelle. Ebenso ein Gaumenkitzel: heimische Krebse aus der Zucht von Anton Lanz in Hergensweiler.

Fisch
und fertig

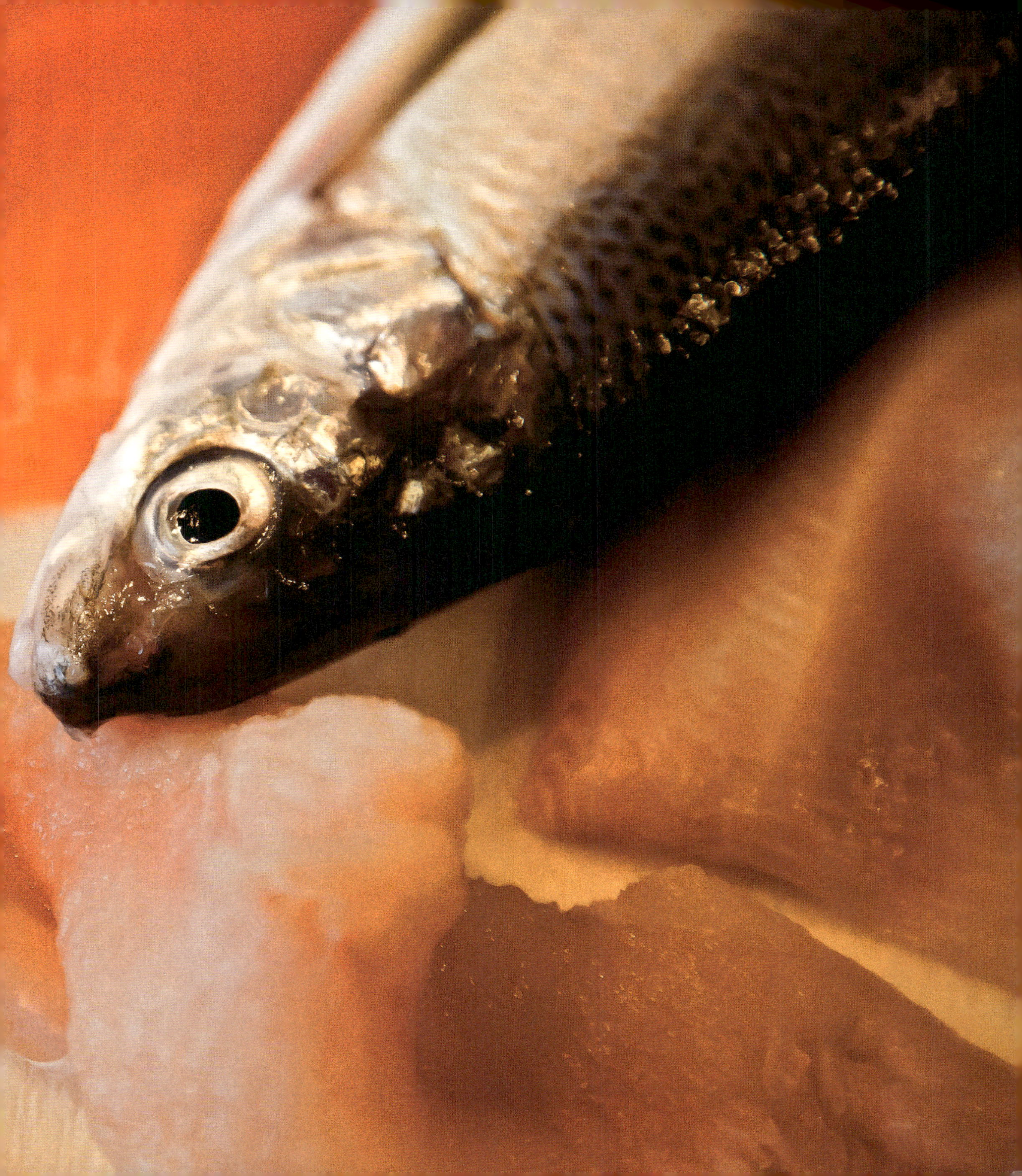

Mousse von geräuchertem Bodenseefelchen

- 1 Schalotte
- 1 EL Butter
- 50 ml Bodensee-Wein (weiß)
- 150 ml Fischfond
- 100 ml Sahne
- 1 Schuss Wermut (Noilly Prat)
- 400 g Felchenfilet, geräuchert
- 5 Blatt Gelatine
- 250 g geschlagene Sahne
- 1 EL Felchen-Kaviar
- Salz und Pfeffer
- Kerbelzweig

Die Gelatine in kaltem Wasser einweichen. Schalotten schälen, Würfel schneiden und in einem Topf mit der Butter etwas angehen lassen. Mit Wein ablöschen und diesen wieder verkochen lassen. Fisch-Fond, Noilly Prat, Sahne und die geräucherten Felchenfilets zufügen. Ein wenig köcheln lassen, anschließend in einer Küchenmaschine fein pürieren und durch ein Sieb streichen. Etwas nachschmecken und die ausgedrückte Gelatine zufügen.
Kühl stellen (ca. 1 Stunde) und sobald die Masse anfängt fest zu werden, vorsichtig die geschlagene Sahne unterheben.

Mousse in Gläser füllen und am besten über Nacht kühl stellen.
Vor dem Servieren mit Felchen-Kaviar und Kerbel dekorieren.

Presssack von Bodensee-Fischen

- 100 g Lachsforellenfilet
- 100 g Saibling-Filet
- 100 g Zanderfilet
- 100 g Bodensee-Felchenfilet
- 0,4 l Fischfond
- 8 Blatt Gelatine
- 1 Schuss Wermut (Noilly Prat)
- Zitrone
- Salz und weißer Pfeffer aus der Mühle
- 300 g weißer Rettich
- schwarzer Sesam
- Schnittlauch
- LandZunge-Apfelessig
- Rapsöl
- 100 g Joghurt
- 2 cl Rapsöl
- 1 EL Fischfond
- Zitrone
- Salz

Die Fischfilets in Würfel schneiden, salzen und pfeffern. Kurz in Butter anschwitzen (sodass der Fisch noch glasig ist) und erkalten lassen. Fischfond erhitzen und die eingeweichte Gelatine darin auflösen, mit Noilly Prat, Zitrone und Salz abschmecken. Nun leicht abkühlen lassen. Die Masse in einen Kunstdarm oder in ein Förmchen füllen und 3 Stunden kühl stellen.

Für den Salat den Rettich schälen und in feine Streifen schneiden. Schnittlauch in Röllchen schneiden. Rettich, Schnittlauch und Sesam vermischen und mit Essig und Öl marinieren, mit Salz und Pfeffer abschmecken.

Für die Soße die Zutaten vermengen. Eine Presssack-Scheibe auf Rettichsalat anrichten und mit Soße übergießen.

Bratfelchen mit süß-saurer Höri-Bülle

- 4 Felchenfilets
- Salz, Pfeffer
- Mehl, zum Wenden
- Butterschmalz und Öl zum Braten
- 1/8 Liter Essig (Weißweinessig)
- 1/8 Liter Fischfond
- 60 g brauner Zucker
- 100 g Höri-Bülle (Zwiebel)
- 100 g Wurzelgemüse, in feinen Streifen
- 1 TL Pimentkörner
- 1 TL schwarze Pfefferkörner
- 1 TL Senfkörner
- 1 Lorbeerblatt

Die Felchenfilets abwaschen, mit Küchenkrepp trocken tupfen, mit Pfeffer und Salz würzen. In Mehl wenden. Das Butterschmalz und das Öl in einer tiefen Pfanne erhitzen und die Felchen darin auf jeder Seite ca. 4 Min. knusprig braun braten. Auf einer dicken Lage Küchenkrepp abtropfen lassen.
In der Zwischenzeit den Essig und den Fischfond aufkochen, alle Gewürze hineingeben und simmern lassen. Nach 10 Min. die in Spalten geschnittenen Zwiebeln und das Wurzelgemüse zugeben, nochmals aufkochen und weitere 5 Min. simmern lassen. Die Felchenfilets abwechselnd mit der Beize in ein Gefäß schichten. Das Gefäß verschließen und mindestens 4 Tage an einem kühlen Ort ziehen lassen.

Die Höri-Bülle ist eine rote und milde Zwiebel, die fast nur auf der Höri gedeiht und inzwischen in die Arche des Geschmacks aufgenommen worden ist.

Saibling auf Bergwiesenheu

Zutaten für 2 Portionen
- 2 ausgenommene Allgäuer Saiblinge
- Gartenkräuter
- 1 Zwiebel
- schwarzer Pfeffer, aus der Mühle
- 1 TL ganzen grünen Pfeffer
- 200 g vonHier-Heu
- Salz

Die Saiblinge mit den Pfeffersorten würzen und mindestens eine Stunde ruhen lassen. Nun den Saiblingen mit den Gartenkräutern und der Zwiebel den „Bauch" füllen.
Das vonHier-Heu kurz unter fließendem Wasser abspülen und in einer Salatschleuder trocken schleudern. Den Ofen auf 200 °C vorheizen. Das Heu auf einem Backblech verteilen. Die Saiblinge salzen und auf das Heu legen.

Den Ofen auf 150 °C herunter drehen und die Fische in den Ofen schieben. Nun ca. 20 Minuten die Fische garen je nach Größe der Fische.

Dazu passen eine kalte Senf-Dill-Honig-Sauce und als Beilage Kräuterkartoffeln und Marktsalat.

Bouillabaisse von Bodensee-Fischen

- 2 Zwiebeln, fein gehackt
- 2 Knoblauchzehen, fein gehackt
- 1 kleine Fenchelknolle
- 1 Lauchstange
- 1 Petersilienwurzel
- 2 Kartoffeln
- 1 Karotte
- 5 Tomaten, gehäutet und entkernt
- 4 EL Rapsöl
- 1 EL Tomatenmark
- 1/8 Liter weißer trockener Bodensee-Wein
- 1 Liter Fischfond
- 10 Safranfäden
- 1 kleiner Bund glatte Petersilie
- 100 g Zanderfilet ohne Haut
- 100 g Hechtfilet ohne Haut
- 100 g Felchenfilet
- 100 g Seeforelle
- Salz und Pfeffer

Die fein gewürfelten Zwiebeln und Knoblauchzehen in einem großen Topf im Rapsöl glasig anschwitzen. Geputztes und fein geschnittenes Gemüse dazugeben, dann die geschälten und gewürfelten Kartoffeln das Tomatenmark hinzufügen. Gut durchrühren.

Mit Wein und Fischfond ablöschen, die Safranfäden einstreuen und 15 Min. köcheln lassen.

Die Fischfilets in mundgerechte Stücke schneiden, leicht salzen und ca. 5 Min. in der köchelnden Brühe gar ziehen lassen. Anschließend die Suppe abschmecken und die Tomatenwürfel darin erwärmen. Fein gehackte Petersilie darüberstreuen.

„Saures Leberle" vom Bodenseefelchen mit gebratenen Grießnockerln

- 300 g Felchen-Leber
- 2 Schalotten, in feine Würfel geschnitten
- 50 ml trockener weißer Bodensee-Wein
- 1 Schuss Weißwein-Essig
- 1/4 Liter Sahne
- 50 g Butter
- Salz
- Zucker
- Pfeffer aus der Mühle

Die Leber waschen und trockentupfen. In einer großen Pfanne die Butter schmelzen lassen und die fein geschnittenen Schalotten hellbraun anbraten. Nun die Fisch-Leber dazugeben und unter ständigem Wenden mitbraten. Das geht recht schnell und man muss aufpassen, dass die Leber nicht hart wird.
Dann mit dem Weißwein ablöschen und etwas Sahne angießen. Mit Salz, Pfeffer aus der Mühle und einer Prise Zucker würzen. Zum Schluss je nach Gusto mit Weißwein-Essig abrunden (vorher die Leber nicht salzen, da sie sonst hart wird!).
Dazu passen gebratene Grießnockerln.

- 800 g Zanderfilet
- 1/8 Liter Bodensee-Weißwein
- 400 g Kartoffeln
- 200 g Champignons
- 2 mittelgroße Zucchini
- 4 Karotten
- 2 Petersilienwurzeln
- 2 Stück Lauch (klein)
- 2 Knoblauchzehen
- Estragon
- Kerbel
- 1 Zitrone
- Kräutersalz
- weißer Pfeffer aus der Mühle

Bodensee-Zander aus dem Römertopf mit viel Gemüse und Graupenrisotto

Den Römertopf wässern!
Das Gemüse waschen und putzen und in feine Streifen schneiden. Das Zanderfilet abspülen, mit Küchenkrepp trockentupfen. Nun schräg in Stücke schneiden, mit etwas Zitrone säuern, danach würzen mit Kräutersalz und weißem Pfeffer aus der Mühle. Das fein geschnittene Gemüse in den Römertopf geben. Etwas Kräutersalz und Pfeffer daraufstreuen und 2 Zweige Estragon und Kerbel hineinlegen. Nun den Weißwein angießen und darauf den Bodensee-Zander legen. Auf den Römertopf den Deckel geben und in den kalten Backofen schieben. Ca. 30–40 Min. bei 200 °C im Backofen garen.
Danach den Römertopf aus dem Ofen nehmen und zusammen mit dem Gemüse und dem Graupenrisotto anrichten. Obenauf noch Zweige von Estragon und Kerbel setzen.

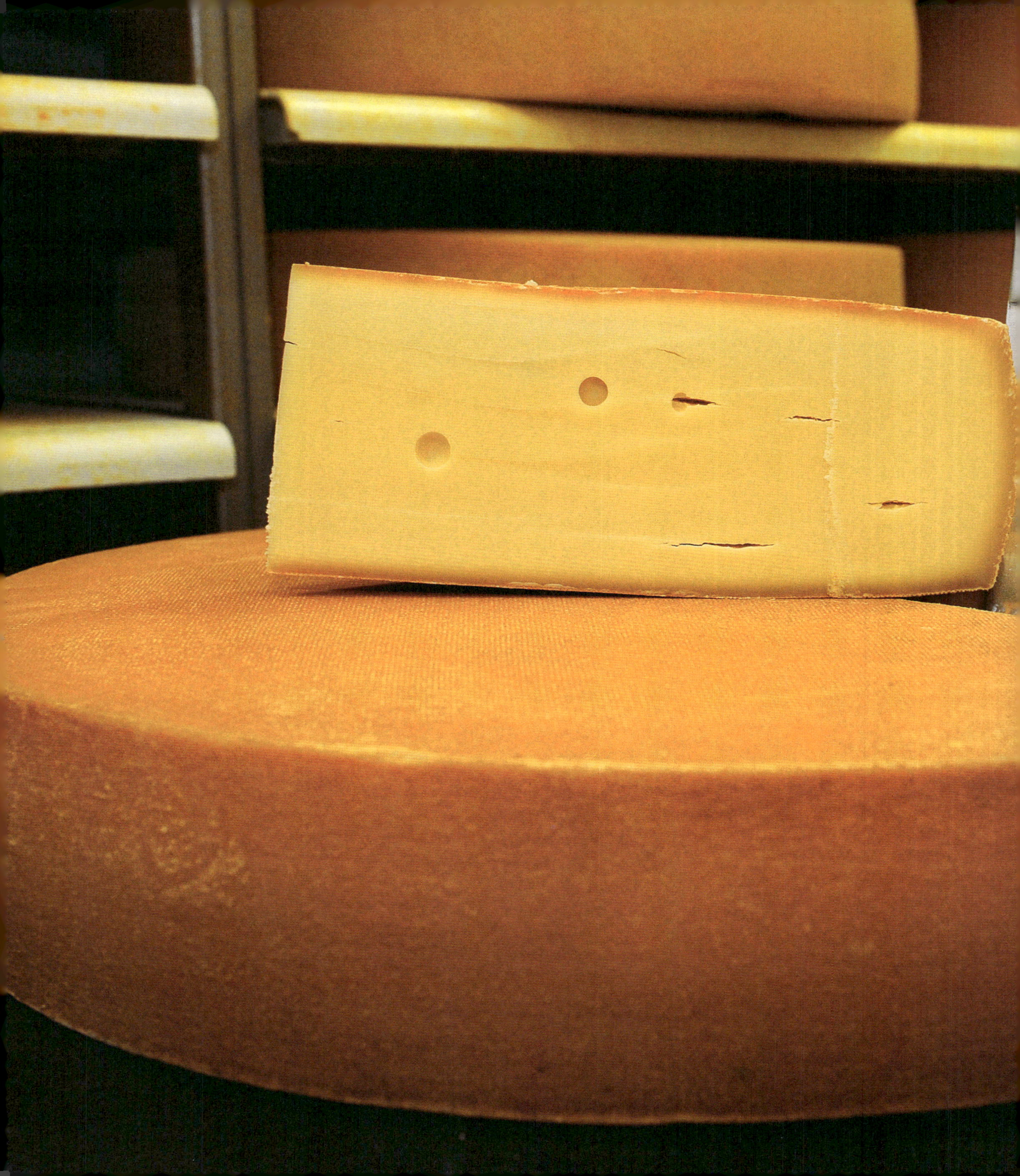

Die Milch macht's

Es geht doch nichts über alte Werbesprüche. Vor allem solche, die wir noch nach Jahren im Ohr haben. Doch was genau „macht die Milch"? Und was machen wir mit ihr? Milch ist Nahrung und Genuss, ein prima Ausgangsstoff für feine Schlemmereien.

Sie macht, dass Geschmack oft besser zur Geltung kommt. Kräftiger Joghurt, Butter mit ihrem typischen Aroma, Sahne fürs i-Tüpfelchen bei Gaumenfreuden und allerlei Käse von zart bis deftig: Sie geben so manchem Menü erst den Kick.

Aber was machen wir mit der Milch? Wie erzeugen und verarbeiten wir sie? Es lohnt sich, näher hinzusehen, denn Milch ist nicht gleich Milch. Das fängt beim Futter der Tiere an und setzt sich fort über die Verarbeitung. Viele Landwirte der Region lassen ihre Rinder im Freien weiden, manche sogar auf den Alpen in den Bergen. Dort gibt's frische, kräuterreiche Kost, die sich oft auch aufs Aroma von Milch und Käse auswirkt. Besonders interessant: Die Milch dieser Kühe enthält mehr ungesättigte Fettsäuren als die ihrer Artgenossinnen, die das ganze Jahr im Stall stehen und überwiegend von Maissilage leben.

Statt auf Hochleistung setzen die Bauern und Betriebe der Region auf besondere Güte. Egal, ob pur, für Käse oder Joghurt, sie sehen Milch als Naturprodukt, das seine Stärken ganz ohne Zusätze entfaltet. Die Milch macht's – mehr braucht's da nicht. Wer seinen Geschmack schulen will, probiert das frische Weiß einfach einmal direkt beim Bauern. Oder den Käse aus einer der vielen Sennereien oder vom Milchwerk. Ein Besuch lohnt sich. Wegen der Menschen und ihrem Handwerk. Wegen allem, was Milch so ausmacht.

Allgäuer Quarkcreme mit Spekulatius und Glühmostäpfeln

- 200 g Äpfel
- 1/4 Liter Apfelsaft
- 50 g Zucker
- 1 Zimtstange
- 2 Nelken
- 200 g Quark
- 60 g Zucker
- 6 Blatt Gelatine
- 2 cl Apfelbrand
- 300 g geschlagene Sahne
- Spekulatius-Kekse

Der Quark wird mit dem Zucker, dem Apfelbrand und der Sahne glattgerührt. Spekulatius klein schneiden und ebenfalls unterrühren. Die Gelatine in kaltem Wasser einweichen, ausdrücken und mit 3 Esslöffeln von der Masse in einem Töpfchen warm auflösen. Dann unter die restliche Masse einrühren. Apfelwürfel leicht zuckern und in 4 Kaffeetassen verteilen. Mit der noch flüssigen Quarkcreme auffüllen und im Kühlschrank fest werden lassen.

Die Äpfel waschen in Schnitze schneiden. Nun den Apfelsaft mit dem Zucker, der Zimtstange und den Nelken zum kochen bringen und einköcheln lassen. Vom Herd nehmen und die Apfelspalten darin ziehen lassen.
Die gut durchgekühlten Kaffeetassen in heißes Wasser tauchen (damit die Creme gut herausfällt) und jeweils auf einen Teller stürzen. Die Apfelschnitze in einem Kreis um die Creme herum anrichten mit einem Keks ausgarniert servieren.

Allgäuer Tiramisu

- 160 g Allgäuer Quark
- 200 g Allgäuer Joghurt
- 400 ml Allgäuer Milch
- 1 Pck. Vanillepudding
- 1 Vanilleschote
- Zopfbrot in Streifen
- 1 Tasse Espresso
- 4 cl Allgäuer Whisky
- 2 El Zucker
- 4 Blatt Gelatine
- Terrinenform und Klarsichtfolie

Milch und Zucker aufkochen, Puddingpulver einrühren, glattrühren. Gelatine in kaltem Wasser einweichen, gut ausdrücken und im Wasserbad auflösen. Vanilleschote halbieren, Mark ausstreichen.
Espresso kochen und abkühlen lassen. Quark, Joghurt und Vanillemark mit der Puddingmasse gut vermengen. Flüssige Gelatine unterheben.

Terrinenform mit Klarsichtfolie auslegen. Zopfbrotstreifen mit Espresso und Whiskey tränken und damit den Terrinenboden belegen.
Die Terrinenform bis zur Hälfte mit Creme füllen. Eine weitere Schicht getränkte Zopfbrotstreifen darauflegen und etwas andrücken. Die restliche Creme darauffüllen und die Terrinenform gut anklopfen. Folie schließen und über Nacht kalt stellen.

Dazu passen wunderbar jahreszeitlich abgestimmte Obstkompotte.

Haselnuss-Käsespätzle

- 300 g Mehl
- 100 g Grieß
- 50 g Quark
- 8 Eier
- Petersilie
- Salz
- 300 g Allgäuer Emmentaler und Allgäuer Bergkäse
- 1/4 Weißkraut
- 100 g Butter
- 1 Stange Vanille
- gehackte Haselnüsse

Vorbereitung
Den Allgäuer Käse selber reiben, frisch gerieben ist er würziger. Weißkraut in Streifen schneiden. Gehackte Haselnüsse rösten.

Spätzle-Teig
Mehl, Grieß, geröstete gehackte Haselnüsse und gehackten Petersilie, Eier den Quark und eine Prise Salz, in eine Schüssel geben und alles zusammen zu einem zähflüssigen Teig schlagen bis dieser schöne Blasen wirft. Noch etwas ruhen lassen. Salzwasser aufsetzen.
Zwischenzeitlich die Butter in einer Pfanne schmelzen um darin die Weikrautstreifen bei milder Hitze langsam schön knusprig braun anbraten und zum Schluss die Vanille dazu geben; Warmstellen. Vorsicht erst geht es sehr langsam mit dem bräunen, dann aber blitzschnell, wenn Sie nicht aufpassen werden sie schnell schwarz.

So nun die Original Allgäuer Käsespätzle Schüssel leicht anwärmen. Das Wasser sollte inzwischen auch kochen.
Schaben Sie nun die erste Portion Spätzle mit einem Spätzle Hobel oder doch vom Brett ins leicht kochende Wasser, die fertigen Spätzle schwimmen sofort oben, heraus nehmen und in die vorgewärmte Schüssel geben, das erste Viertel Käse darüber streuen und dann wiederholen Sie das Spätzle machen viermal.

Zum Schluss geben Sie noch die gebräunten Weißkrautstreifen und etwas geröstete Haselnüsse mit Butter darüber und servieren die etwas anderen Käsespätzle, zu diesem Käsespätzle Gericht serviere ich gerne einen Grünen Salat mit leckerer Salatsoße.

- 500 g PrimaKalb (Brust ohne Knochen oder Kalbsschulter)
- 3 Zwiebeln
- 1 Knoblauchzehe
- 0,4 Liter Fleischbrühe
- 6 EL Schweineschmalz
- 1 EL Paprikapulver, mild
- 1/2 TL Salz
- 2 kleine Kartoffeln
- 250 g Tomaten
- 1/2 TL getrockneter Thymian
- etwas Kümmel
- gemahlenes, scharfes Paprikapulver
- 5 EL saure Sahne
- 1 TL Mehl
- 1 TL Apfelessig

Das Kalbfleisch waschen, abtrocknen und in 2 cm große Würfel schneiden. Die Zwiebeln schälen und würfeln; die Knoblauchzehe schälen und zerdrücken. Die Fleischbrühe erhitzen.

Das Schweineschmalz in einem Schmortopf bei starker Hitze zerlassen und die Zwiebelwürfel samt Knoblauchstückchen darin glasig braten. Die Fleischwürfel zugeben und von allen Seiten gut 5 Min. braun anbraten. Das Paprikapulver und das Salz über das Fleisch streuen und etwa 1/3 der heißen Fleischbrühe dazugießen. Das Gulasch zugedeckt bei milder Hitze 60 Min. schmoren. Während der Garzeit immer wieder Brühe zugeben, bis sie verbraucht ist.

Die Kartoffeln und Tomaten schälen, waschen und in kleine Würfel schneiden; beides mit dem Thymian, dem Kümmel und dem Paprikapulver in den letzten 20 Garminuten zum Fleisch geben und mitschmoren lassen. Wenn das Fleisch weich ist, den Deckel abnehmen und das Gulasch so lange weiterkochen lassen, bis die Sauce sämig ist. Die saure Sahne mit dem Mehl verrühren und die Sauce damit binden. Das Gulasch zuletzt mit dem Essig abschmecken und anrichten.

Beilagen: Semmelknödel, Grießklößchen oder breite Nudeln.

Allgäuer Kalbsgulasch

Braten vom PrimaKalb in Milch

- 1 kg Braten vom PrimaKalb
- 200 ml vonHier-Sahne
- 250 ml vonHier-Milch
- 3 Zwiebeln
- 4 Karotten
- 50 g vonHier-Butter
- Salz und Pfeffer aus der Mühle
- 2 EL Essig (Rotweinessig)
- 2 EL Tomatenketchup
- 1 TL Senf
- 1 TL Rosmarin
- 2 Lorbeerblätter

Den Kalbsbraten waschen und trocken tupfen. Einen EL Rotweinessig über das Fleisch gießen und einreiben. Den Braten mit Salz, Pfeffer und dem Rosmarin würzen. Die Zwiebeln und Karotten fein schneiden. In einem ofenfesten Bratentopf die Butter erhitzen und das Fleisch darin von allen Seiten bei mäßiger Hitze anbraten. Die Zwiebel und Karottenwürfeln dazugeben. Mit der Sahne ablöschen und die Milch angießen. Ketchup, Senf, die Lorbeerblätter und einen EL Essig zugeben und kurz aufkochen lassen.

Den Topf in den vorgeheizten Backofen schieben und den Braten bei 90 °C etwa 3 Stunden gar ziehen lassen.

15 Min. vor Ende der Garzeit die Temperatur auf 150 °C erhöhen. Den Braten auf einer Platte im Ofen belassen, die Lorbeerblätter aus der Soße entfernen; nun die Soße mit einem Passierstab durchmixen und passieren. Danach noch mal mit Salz und Essig lecker abschmecken.

Das Fleisch in dünne Scheiben schneiden und auf einem Teller mit etwas Soße übergießen.

Dazu passen sehr gut Gnocchi und Rotkraut.

Quark-Terrine

- 100 g Gemüse (Paprikaschoten, Karotten, gelbe Rüben)
- 50 g Schinken
- 1 Bund Schnittlauch
- 5 Blatt Gelatine
- 1/2 Zitrone
- 250 g Sauerrahm
- 120 g Quark
- 3 Knoblauchzehen
- 1/8 Liter Sahne
- etwas scharfer Senf
- 3 Karotten
- Salz und Pfeffer

Das Gemüse waschen, putzen und kleinwürfelig schneiden (Karotten und gelbe Rüben müssen in Salzwasser blanchiert werden).

Für die Hülle die drei Karotten schälen, der Länge nach in dünne Streifen schneiden und kurz blanchieren.

Den Schinken feinwürfelig schneiden, Gelatine im kalten Wasser einweichen, eine Form einfetten und mit Frischhaltefolie auslegen.

Sauerrahm, Schnittlauch, Gemüse- und Schinkenwürfel in den Quark einrühren, mit Salz, Pfeffer, zerdrückten Knoblauchzehen und Senf abschmecken. Die Gelatine ausdrücken und im erwärmten Zitronensaft auflösen, zügig unter die Quarkmasse rühren, die Sahne cremig schlagen und vorsichtig unter die Masse heben.

Die Form mit den Karotten-/Rübenstreifen auslegen und die Masse einfüllen und glattstreichen. Die Terrine mindestens drei Stunden, besser über Nacht, durchkühlen lassen.

Vor dem Servieren aus der Form stürzen, die Folie abziehen und in gleich dicke Scheiben schneiden.

Dazu passen wunderbar gekochte Kartoffeln ...

Gebratener Backsteinkäse an Johannisbeer-Apfelsalat

- 200 g Backstein-Käse
- 200 g Äpfel
- 3 EL Apfelsaft
- Johannisbeer-Balsamessig
- Apfel-Balsamessig
- 2 EL Rosinen
- 2 Eier
- Mehl
- Semmelbrösel
- Butterschmalz

Den Backsteinkäse abschaben, in Scheiben schneiden und in Mehl, Ei und Brösel zweimal panieren.

Die Äpfel schälen, entkernen und in sehr feine Streifen schneiden. Rosinen in Apfelsaft einweichen und danach untermischen. Mit Johannisbeer- und Apfel-Balsamessig mischen.

In einer Pfanne Butterschmalz erhitzen und den panierten Backsteinkäse goldgelb anbraten, auf ein Küchentuch legen und mit dem Apfelsalat dekorativ auf einem Teller anrichten. Mit Küchenkräuterzweig ausgarnieren.

Pralinen vom Ziegenkäse

- 250 g Ziegenkäse
- 200 g Quark
- 1/4 Liter Sahne
- Salz, Pfeffer aus der Mühle
- 100 g schwarze Oliven
- 100 g grüne Oliven
- 2 Tomaten
- Kürbiskern-Pesto
- Pinienkerne
- Basilikumblätter

Den Ziegenkäse fein reiben, mit dem Quark und der Sahne verrühren und kalt stellen. Die Oliven in feine Würfel schneiden. Die Tomaten halbieren, das Kerngehäuse entfernen und in kleine Würfel schneiden. Aus der Käsemasse kleine Kugeln formen und jeweils in den schwarzen und grünen Olivenwürfeln wälzen.
Die Käsepralinen auf einem Teller anrichten, mit Tomatenwürfel, den Pinienkernen und dem Pesto ausdekorieren. Zum Schluss feine Chillifäden darüberstreuen, Basilikumblatt anlegen und servieren.

Störe

Eingebrannt

ihre Kreise nicht

Eine perfekte Mehlschwitze gelingt nur, wenn der Schneebesen nicht stillsteht. Da heißt es rühren, rühren, rühren: mal wenige Minuten, mal bis zu einer halben Stunde. Die heiße Diva liebt es, ganz im Mittelpunkt zu stehen und duldet keine Ablenkung. Schon gar nicht beim Ablöschen, wenn Heiß und Kalt zusammenkommen und feinste Soßen auf dem Spiel stehen. Auf Nachlässigkeit oder gar Fehler reagiert die köstlich Sämige hoch empfindlich. Und verklumpt.

Als Primadonna der feinen Küche hat sie natürlich mehrere Namen – auch wenn die nicht annähernd ihr heikles Wesen umschreiben. Dazu gehören Einbrenne, Schwitzmehl oder Brenne, am klangvollsten gibt sich noch das französische Roux. Je nach ihrem Bräunungsgrad spricht man von weißer, blonder oder brauner Mehlschwitze, wobei die Zeit über die gewünschte Couleur entscheidet: Die Roux wird umso dunkler, je länger sie Hitze bekommt. Einen attraktiven Rostton gibt es nach circa zehn Minuten, tiefbraun zeigt sich die heiß Umsorgte nach einer halben Stunde.

Bis dahin hat der Schneebesen schon etliche Kreise in der Pfanne gezogen und der Unterarm meckert wohl herzhaft vor sich hin. Ganz anders die Gäste und Genießer, die schließlich das vollendete Werk auf ihren Tellern haben: Wer einmal Sauerbraten, Linsen, saure Kutteln oder Ochsenschwanzsuppe gekostet hat, die mit brauner Roux zubereitet wurden, schweigt und schlemmt in Ruhe und Hingabe.

Außer Geduld und dem richtigen Schwung braucht es für das Gelingen einer Roux eigentlich nur Fett und Mehl. Welches Fett, das hängt vom gewünschten Aroma und dem geplanten Essen ab. Zu einer weißen Mehlschwitze nimmt man oft Butter, weil sie ein feines Aroma entwickelt, das sich später auch in der Soße entfaltet. Man denke an Sauce Béchamel oder sanft abgebundenes Gemüse. Da Butter aber höhere Temperaturen nicht aushält, greifen Kennerin und Kenner für blonde und braune Roux zu Schmalz oder Pflanzenfett. Darin kann das Mehl bräunen, ohne dass das Fett verbrennt oder sich als Rauch verzieht.

Wenn es also zur Sache geht, stehen folgende Schritte an: Das Fett wird in Topf oder Pfanne zerlassen, dann kommt das Mehl hinzu und wird unter ständigem Rühren erhitzt, sprich angeschwitzt. Der perfekte Moment ist gekommen, wenn die Mehlschwitze die gewünschte Farbe zeigt. Dann löscht man sie mit kalter Flüssigkeit wie Brühe, Fond oder Wasser ab. – Diese werden ganz langsam hinzugegeben, während der Schneebesen weitertanzt. So bindet die heikle Diva jeden noch so flüchtigen Kandidaten: eine Liaison, aus der im Idealfall köstliche Soßen hervorgehen, die aber leider auch immer mal schiefgeht.

Wenn die Vereinigung nicht klappt, bleiben nichts als schnöde Klumpen. Da hilft dann nur ein Neuanfang – den mutige Köche natürlich nicht scheuen. Denn selbst wenn die Primadonna sich hin und wieder unberechenbar zeigt, so lohnt es sich doch, selbst Hand anzulegen und nicht zu Fertigprodukten zu greifen. Mit der Zeit entwickelt jede und jeder ein eigenes Patent-Rezept für den richtigen Umgang mit der heiklen Kostbarkeit.

Braune Einbrenne

- 40 g Butterschmalz
- 40 g Weizenmehl
- 1/2 Liter Rinder- oder Gemüsebrühe
- 2 Lorbeerblätter
- 1 Zwiebel
- 4 Nelken
- Salz und Pfeffer aus der Mühle

1
Die Spickzwiebel: Mit Nelken die Lorbeerblätter auf der Zwiebel fixieren. So spart man sich das Passieren der Soße.
Brühe aufkochen lassen und während der Herstellung heiß halten.

2
In einem Topf das Butterschmalz zerlassen, das Mehl einrühren – es muss eine relativ trockene Masse entstehen, ansonsten noch etwas Mehl zugeben.

3
Mit einem Schneebesen und unter ständigem Rühren rösten, bis die Mehl-Fett-Masse hellbraun bis mittelbraun ist und nach Röstaromen duftet.

4
Mit einem Schöpflöffel die Brühe dazugeben. Nach jeder Zugabe von Flüssigkeit die Masse so lange kräftig rühren, bis sie glatt und ohne Klümpchen ist. Die Mehlschwitze muss nach Zugabe der Brühe wieder zum Kochen kommen. Jetzt die Spickzwiebel dazulegen, mit Salz und Pfeffer würzen. Die Soße auf kleiner Stufe noch etwa 15 Min. köcheln lassen.

Saure Kutteln

Es muss nicht immer sauer sein… es gibt die vielseitigsten Varianten! Hier ein paar Ideen… trauen Sie sich nur!

Zum Beispiel Kutteln
- mit in Portwein eingeweichten Rosinen
- an mit Bodensee-Rotwein abgerundetem Sößle
- in Bodensee-Sekt-Soße
- in einer Soße mit Ihrem Lieblingsbier
- in Tomatensoße mit Allgäuer Kräutern
- in Most-Soße mit Apfelstücken

Zutaten für 2 Portionen
- 500 g vorgekochte Kutteln, in Streifen geschnitten
- 2 in Würfel geschnittene Zwiebeln
- 1 fein gehackte Knoblauchzehe
- 300 ml Bodensee-Rotwein
- 500 ml kräftige Brühe
- 1 Lorbeerblatt
- 3 Stück angedrückte Wacholderbeeren
- 2 Schuss Essig
- 2-3 Teelöffel Puderzucker
- evtl. Sahne/Sauerrahm

Die Zwiebeln und den Knoblauch in einem Topf glasig schwitzen und die Kutteln dazugeben, beides kurz weiterbraten, mit dem Rotwein ablöschen. Mit Brühe aufgießen, die Gewürze und den Zucker dazugeben und mindestens 1 Stunde kochen. Die Soße etwas reduzieren lassen, dann ist sie schön weich, eventuell noch Flüssigkeit nachgießen.

Die Soße aus der braunen Brenne in den Topf mit den Kutteln geben und umrühren. Eventuell mit 1 Schuss Sahne oder etwas Sauerrahm, Salz und Pfeffer noch mal abschmecken.

Als Beilage unbedingt Bratkartoffeln und/oder Brot reichen.

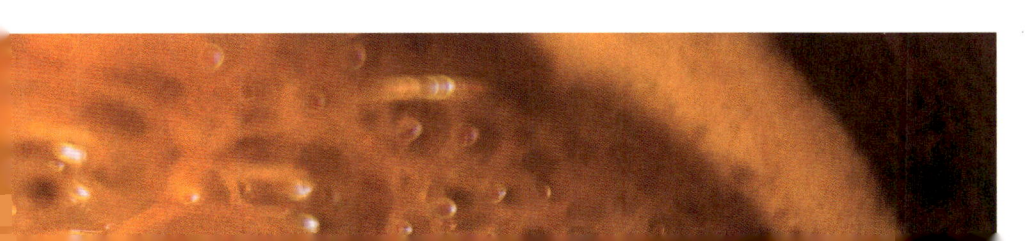

Saure Bohnen

- 500 g grüne Bohnen
- Wasser
- 3 Zweige Bohnenkraut
- Salz und Pfeffer aus der Mühle
- 1 Zehe ungeschälter Knoblauch
- Essig, nach Geschmack
- Schinken vom PrimaRind

Bohnen schräg und dünn schneiden und im leicht gesalzenen Wasser mit dem Bohnenkraut und dem ungeschälten Knoblauch garen. Die Bohnen sollten leicht mit Wasser bedeckt sein. Dann abseihen und den Knoblauch wieder entfernen.

Die Bohnen in die braune Einbrenne-Soße geben und einige Minuten ziehen lassen. Mit Salz, Pfeffer und Essig lecker abschmecken und mit dem PrimaRind-Schinken heiß servieren.

Saure Kartoffelrädle

- 1 kg Kartoffeln
- 1 Schuss Weißwein
- 1 Lorbeerblatt
- Salz und Pfeffer aus der Mühle
- einige Nelken
- etwas Essig

Die Kartoffeln mit Schale kochen. Bei diesem Gericht die dunkle Brenne mit einem Schuss Weißwein und der Gemüsebrühe auffüllen. Es sollte eine ziemlich dicke Soße werden.
Nach Belieben Essig und Gewürze dazugeben, Nelken und Lorbeerblatt hinzufügen und ca. 15 Min. bei geringer Hitze ziehen lassen.
In der Zwischenzeit Kartoffeln schälen. Die Kartoffeln in dünnen Scheiben schneiden und der Soße zufügen. Nochmals kurz ziehen lassen. Dann erneut abschmecken und die Nelken sowie das Lorbeerblatt entfernen.

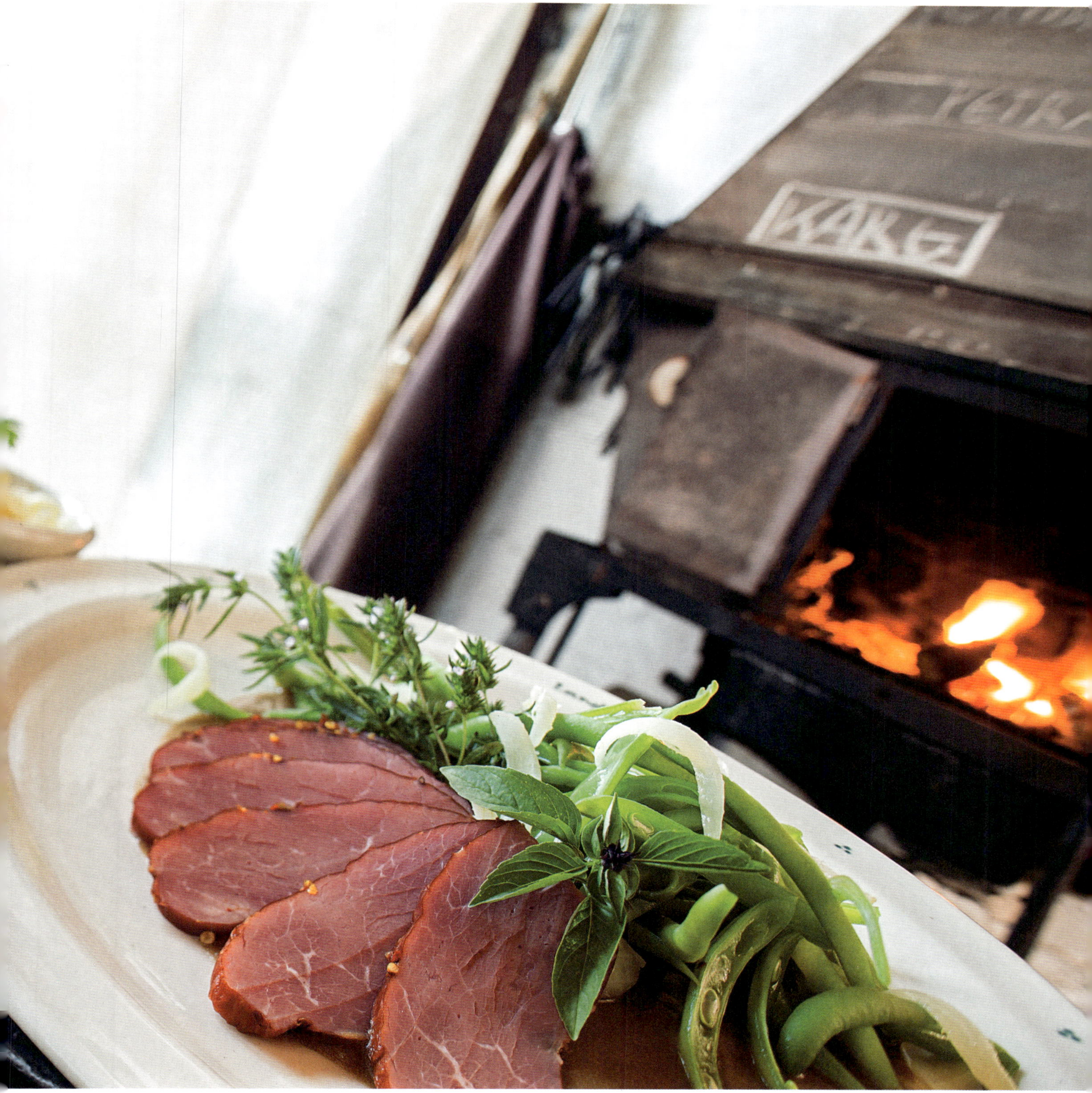
KAKE

- 300 g Linsen
- 400 g geräucherter Schweinebauch
- 6 Lorbeerblätter
- 1 Nelke
- 15 Wacholderbeeren
- Salz
- Zucker
- 1/8 Liter Essig
- 50 g Butterschmalz
- 50 g Mehl
- Zitrone

Mit 2 Litern Wasser, 1/8 Liter Essig, einigen Spritzern Zitronensaft, Lorbeerblättern, Nelke, Wacholderbeeren, Salz eine Beize zusammenrühren, die Linsen darin zwei Stunden einweichen und anschließend weich kochen.

Das Butterschmalz erhitzen, das Mehl einrühren und eine dunkle Einbrenne herstellen. Mit etwas kaltem Wasser ablöschen und nach und nach mit der Beize auffüllen, bis eine leicht sämige Soße entstanden ist. 15 Min. köcheln lassen und mit Salz, Zucker, Essig und Zitronensaft abschmecken. Den Schweinebauch in Streifen schneiden, in einer Pfanne anbraten und zum Schluss zu den Linsen geben. Umrühren, fertig!

Dazu servieren wir einen Lindauer Schübling.

Schwäbische Linsen

Saures Rindfleisch

- 800 g Rinderschulter ohne Knochen (Suppenfleisch)
- 3 Karotten
- 1/4 Sellerieknolle
- 1/2 Stange Lauch
- 6 Lorbeerblätter
- 1 Nelke
- 10 Wacholderbeeren
- 100 g Butterschmalz
- 100 g Mehl
- Salz und Pfeffer
- Zucker
- 150 ml vonHier-Apfelessig
- Zitronensaft von einer unbehandelten Zitrone

Die Rinderschulter in gefällige Stücke schneiden. Mit Essig, 3 Spritzern Zitronensaft, Lorbeerblättern, Nelke, Wacholderbeeren, Salz und 2 Litern Wasser zu einer Beize zusammenrühren. Wurzelgemüse dazugeben und die Würfel der Rinderschulter darin gar kochen. Abgießen und die Beize auffangen.

Das Butterschmalz erhitzen, das Mehl einrühren und eine dunkle Einbrenne herstellen (die Kunst ist die Geduld).

Mit etwas kaltem Wasser ablöschen und nach und nach mit der Beize auffüllen, bis eine leicht sämige Soße entstanden ist.

15 Min. köcheln lassen und mit Salz, Pfeffer, etwas Zucker, vonHier-Apfelessig und Zitronensaft abschmecken, die Rinderschulter-Würfel dazugeben, nochmals gut erhitzen und servieren.

Mächler und Macher

Hartnäckigkeit und Ideenreichtum, auf diese Eigenschaften sind die Menschen hier stolz. Sie arrangieren sich nicht mit Problemen, sondern suchen nach einer Lösung. Dafür verziehen sie sich in Werkstatt, Keller oder Büro zum Mächeln, Machen, Grübeln und Tüfteln. Meist brüten sie tagelang an ihren Ideen herum. Wenn das nichts bringt, geben die Querdenker nicht etwa auf; sie laden Freunde zum Mitdenken ein. Bei kühlem Bier und gutem Essen wurde so schon manche Erfindung geboren.

Mit Hartnäckigkeit und gutem Essen haben hier viele Dinge zu tun. Zum Beispiel die Aktion LandZunge: Über 80 Gasthöfe und etliche regionale Betriebe haben sich zusammengefunden und einen Pakt für den guten Geschmack geschlossen. Die Wirtsleute kochen mit hiesigen Zutaten und die Betriebe versorgen sie mit dem Besten aus der Region. Für die Gäste heißt das gleich mehrfach „Genuss": mit jedem Mahl auf ihrem Teller und mit jeder Ausgabe der Zeitschrift LandZunge, die über Land und Leute, Küche und Köstliches informiert.

Ein anderes Projekt heißt PrimaRind und ist Dachmarke für exzellentes Fleisch. Da dürfen nur Landwirte teilnehmen, die ihre Tiere nach strengen Kriterien halten. Wie Weidegang von Frühjahr bis Herbst und Futter, das auf hofeigenen Flächen wächst. Die Rinder wachsen langsam heran und entwickeln ein Fleisch von feinster Marmorierung. Das Aroma kommt so gut an, dass die Nachfrage seit Jahren wächst.

Genauso sieht es bei vonHier aus. Die regionale Bio-Marke der Feneberg Lebensmittel GmbH in Kempten gilt deutschlandweit als Vorreiterprojekt. Weit über 600 Öko-Bauern und mehr als 20 Unternehmen haben sich den Richtlinien des ökologischen Landbaus verschrieben und liefern Waren für vonHier. Keiner von ihnen liegt weiter als 100 Kilometer vom Feneberg-Sitz in Kempten entfernt. So erhalten die Kundinnen und Kunden der über 80 Lebensmittelmärkte das ganze Jahr über Bio-Waren aus der Region.

Hinter diesen und vielen weiteren Projekten stecken kluge und unnachgiebige Köpfe. Menschen, die sich für ihre Heimat einsetzen. Und für gute Lebensmittel. Doch nicht immer springen den Verbrauchern diese Produkte ins Auge, denn mit dem Werben tun Tüftler sich schwer. Klappern gehört zwar zum Handwerk. Aber eben nicht unbedingt hier. Da heißt es: Augen auf und umhören, Bauern und Regio-Läden anfahren, Wochenmärkte besuchen sowie lesen und schauen, was es wo gibt.

176

Ein Blick auf die LandZunge

Diese Karte verheißt Genuss. Sie zeigt Ihnen den Weg zu den rund 80 LandZunge-Gasthöfen, die sich bester regionaler Küche verschrieben haben. Mit Zutaten aus der Region, mit Rezepten von hier. Mit Charme, Geschichte, Gastfreundschaft und Tradition.

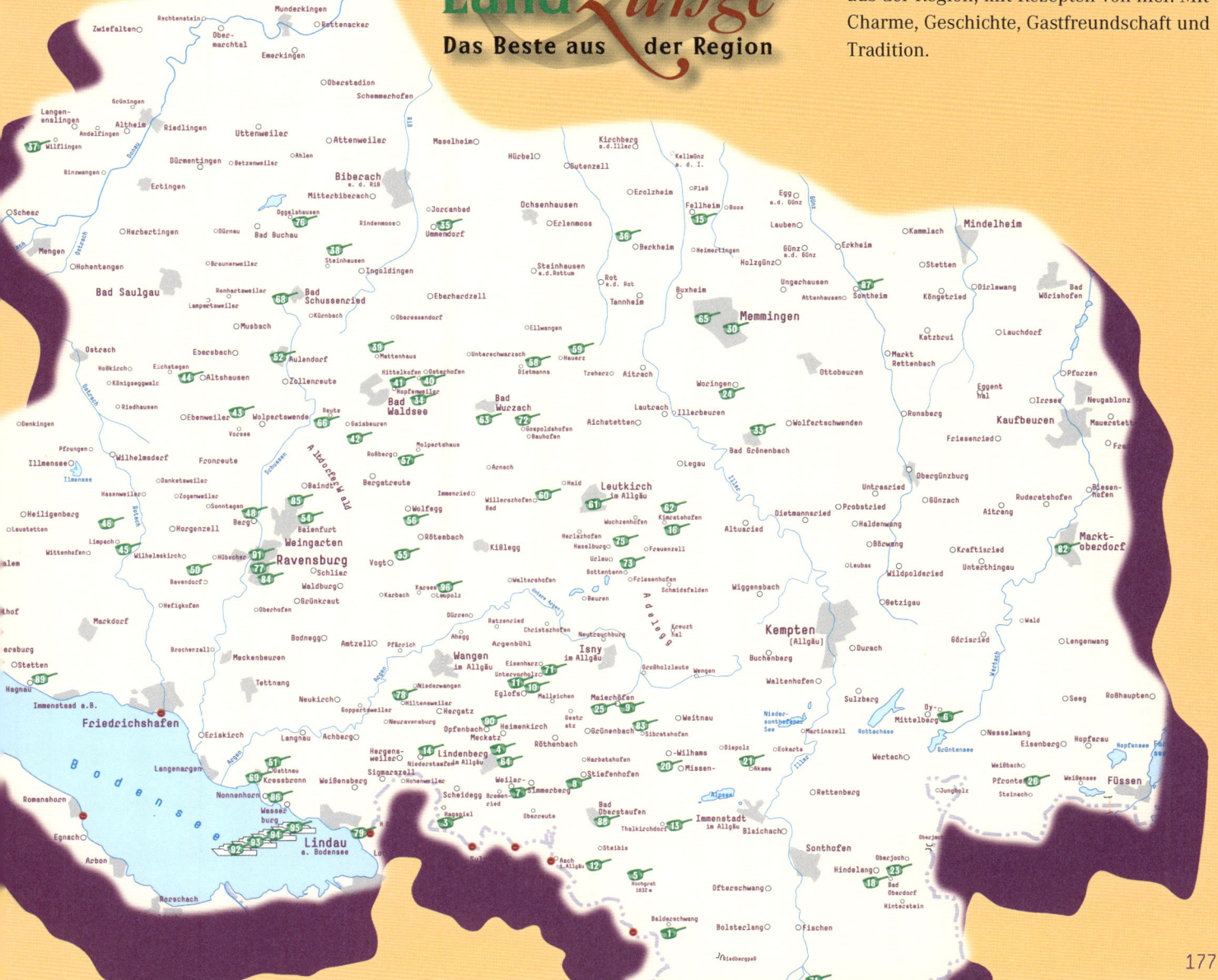

Im Pakt für den guten Geschmack

LandZunge Qualität

Ob Rind, Schwein oder Käs', hier setzen die Wirte auf Geschmack. Ihre Zutaten kaufen sie regional ein und zaubern daraus Bestes. Sie kochen, grillen und kreieren: zwischen klassisch-bodenständig und unerwartet Gaumen kitzelnd. Wer hier einkehrt, genießt die Region. Eine gute Tat ist's außerdem: Unterstützung für die Wirte, die Metzger, die Bäcker und Bauern - kurz, für die Wirtschaft und die Menschen vor Ort.

Gasthof	PLZ	Ort	Homepage
Westallgäu			
Landgasthof Rössle	88167	Stiefenhofen	www.roessle.net
Landhotel-Gasthof Ellerhof	88175	Scheidegg	www.landhotel-ellerhof.de
Lindenberger Hof	88161	Lindenberg	www.hotel-lindenberger-hof.de
Naturlandhaus Krone	88167	Maierhöfen	www.naturlandhaus-krone.de
Gasthof Pension Sontheim	88167	Maierhöfen	www.gasthof-pension-sontheim.de
Gasthaus zur Traube	88171	Weiler	www.traube-weiler.com
Gasthaus zum Löwen	88161	Lindenberg	www.loewe-lindenberg.de
Gasthof Löwen	88138	Niederstaufen	
Meckatzer Bräustüble	88178	Heimenkirch	www.meckatzer-braeustueble.de
Oberallgäu			
Gasthof zum Fässle	87452	Kimratshofen	www.gasthof-faessle.de
Landgasthof Alte Post	87452	Kimratshofen	www.landgasthaus-alte-post.de
Brauereigasthof Schäffler	87458	Missen	www.schaeffler-braeu.de
Gasthof zum Hirschen	87509	Immenstadt	www.lustiger-hirsch.de
Hotel Traube	87534	Thalkirchdorf	www.traube-thalkirchdorf.de
Alpenlandhotel Hirsch	87541	Bad Oberdorf	www.Alpengasthof-Hirsch.de
Romantikhotel Sonne	87541	Bad Hindelang	www.sonne-hindelang.de
Alpengasthof Hörmoos	87534	Oberstaufen-Steibis	www.hoermoos.de
Staufner Haus	87534	Oberstaufen-Steibis	www.staufner-haus.de
Gasthof Hotel Rose	87466	Oy-Mittelberg	www.rose-allgaeu.de
Hotel Ifenblick	87538	Balderschwang	www.ifenblick.de
Ritters Höhenblick	87490	Haldenwang	www.ritters-hoehenblick.de
Riegers Restaurant	87561	Oberstdorf	www.riegers-restaurant.de
Rupp's Biergarten-Radlereinkehr	87480	Sibratshofen	www.rupps-radlereinkehr.de
Altstaufner Einkehr	87534	Oberstaufen	www.altstaufnereinkehr.de
Ostallgäu			
Braugasthof Falkenstein	87459	Pfronten-Ried	www.braugasthof-falkenstein.de
Sailerbräu	87616	Marktoberdorf	www.sailerbraeu.com
Unterallgäu			
Badische Weinstube	87730	Bad Grönenbach	www.badische.com
Gasthof Lindenbad	87700	Memmingen	www.gasthof-lindenbad.de
Grünes Haus	87700	Memmingen	www.grueneshaus.de
Landgasthof zum Adler	87748	Fellheim	www.landgasthof-zum-adler.de
Wirtshaus Schwarzer Adler	87789	Woringen	www.adler-woringen.de
Dampfsäg	87776	Sontheim	www.dampfsaeg.de

Saures Rindfleisch

- 800 g Rinderschulter ohne Knochen (Suppenfleisch)
- 3 Karotten
- 1/4 Sellerieknolle
- 1/2 Stange Lauch
- 6 Lorbeerblätter
- 1 Nelke
- 10 Wacholderbeeren
- 100 g Butterschmalz
- 100 g Mehl
- Salz und Pfeffer
- Zucker
- 150 ml vonHier-Apfelessig
- Zitronensaft von einer unbehandelten Zitrone

Die Rinderschulter in gefällige Stücke schneiden. Mit Essig, 3 Spritzern Zitronensaft, Lorbeerblättern, Nelke, Wacholderbeeren, Salz und 2 Litern Wasser zu einer Beize zusammenrühren. Wurzelgemüse dazugeben und die Würfel der Rinderschulter darin gar kochen. Abgießen und die Beize auffangen.

Das Butterschmalz erhitzen, das Mehl einrühren und eine dunkle Einbrenne herstellen (die Kunst ist die Geduld).

Mit etwas kaltem Wasser ablöschen und nach und nach mit der Beize auffüllen, bis eine leicht sämige Soße entstanden ist.

15 Min. köcheln lassen und mit Salz, Pfeffer, etwas Zucker, vonHier-Apfelessig und Zitronensaft abschmecken, die Rinderschulter-Würfel dazugeben, nochmals gut erhitzen und servieren.

Mächler und Macher

Hartnäckigkeit und Ideenreichtum, auf diese Eigenschaften sind die Menschen hier stolz. Sie arrangieren sich nicht mit Problemen, sondern suchen nach einer Lösung. Dafür verziehen sie sich in Werkstatt, Keller oder Büro zum Mächeln, Machen, Grübeln und Tüfteln. Meist brüten sie tagelang an ihren Ideen herum. Wenn das nichts bringt, geben die Querdenker nicht etwa auf; sie laden Freunde zum Mitdenken ein. Bei kühlem Bier und gutem Essen wurde so schon manche Erfindung geboren.

Mit Hartnäckigkeit und gutem Essen haben hier viele Dinge zu tun. Zum Beispiel die Aktion LandZunge: Über 80 Gasthöfe und etliche regionale Betriebe haben sich zusammengefunden und einen Pakt für den guten Geschmack geschlossen. Die Wirtsleute kochen mit hiesigen Zutaten und die Betriebe versorgen sie mit dem Besten aus der Region. Für die Gäste heißt das gleich mehrfach „Genuss": mit jedem Mahl auf ihrem Teller und mit jeder Ausgabe der Zeitschrift LandZunge, die über Land und Leute, Küche und Köstliches informiert.

Ein anderes Projekt heißt PrimaRind und ist Dachmarke für exzellentes Fleisch. Da dürfen nur Landwirte teilnehmen, die ihre Tiere nach strengen Kriterien halten. Wie Weidegang von Frühjahr bis Herbst und Futter, das auf hofeigenen Flächen wächst. Die Rinder wachsen langsam heran und entwickeln ein Fleisch von feinster Marmorierung. Das Aroma kommt so gut an, dass die Nachfrage seit Jahren wächst.

Genauso sieht es bei vonHier aus. Die regionale Bio-Marke der Feneberg Lebensmittel GmbH in Kempten gilt deutschlandweit als Vorreiterprojekt. Weit über 600 Öko-Bauern und mehr als 20 Unternehmen haben sich den Richtlinien des ökologischen Landbaus verschrieben und liefern Waren für vonHier. Keiner von ihnen liegt weiter als 100 Kilometer vom Feneberg-Sitz in Kempten entfernt. So erhalten die Kundinnen und Kunden der über 80 Lebensmittelmärkte das ganze Jahr über Bio-Waren aus der Region.

Hinter diesen und vielen weiteren Projekten stecken kluge und unnachgiebige Köpfe. Menschen, die sich für ihre Heimat einsetzen. Und für gute Lebensmittel. Doch nicht immer springen den Verbrauchern diese Produkte ins Auge, denn mit dem Werben tun Tüftler sich schwer. Klappern gehört zwar zum Handwerk. Aber eben nicht unbedingt hier. Da heißt es: Augen auf und umhören, Bauern und Regio-Läden anfahren, Wochenmärkte besuchen sowie lesen und schauen, was es wo gibt.

Ein Blick auf die LandZunge

Diese Karte verheißt Genuss. Sie zeigt Ihnen den Weg zu den rund 80 LandZunge-Gasthöfen, die sich bester regionaler Küche verschrieben haben. Mit Zutaten aus der Region, mit Rezepten von hier. Mit Charme, Geschichte, Gastfreundschaft und Tradition.

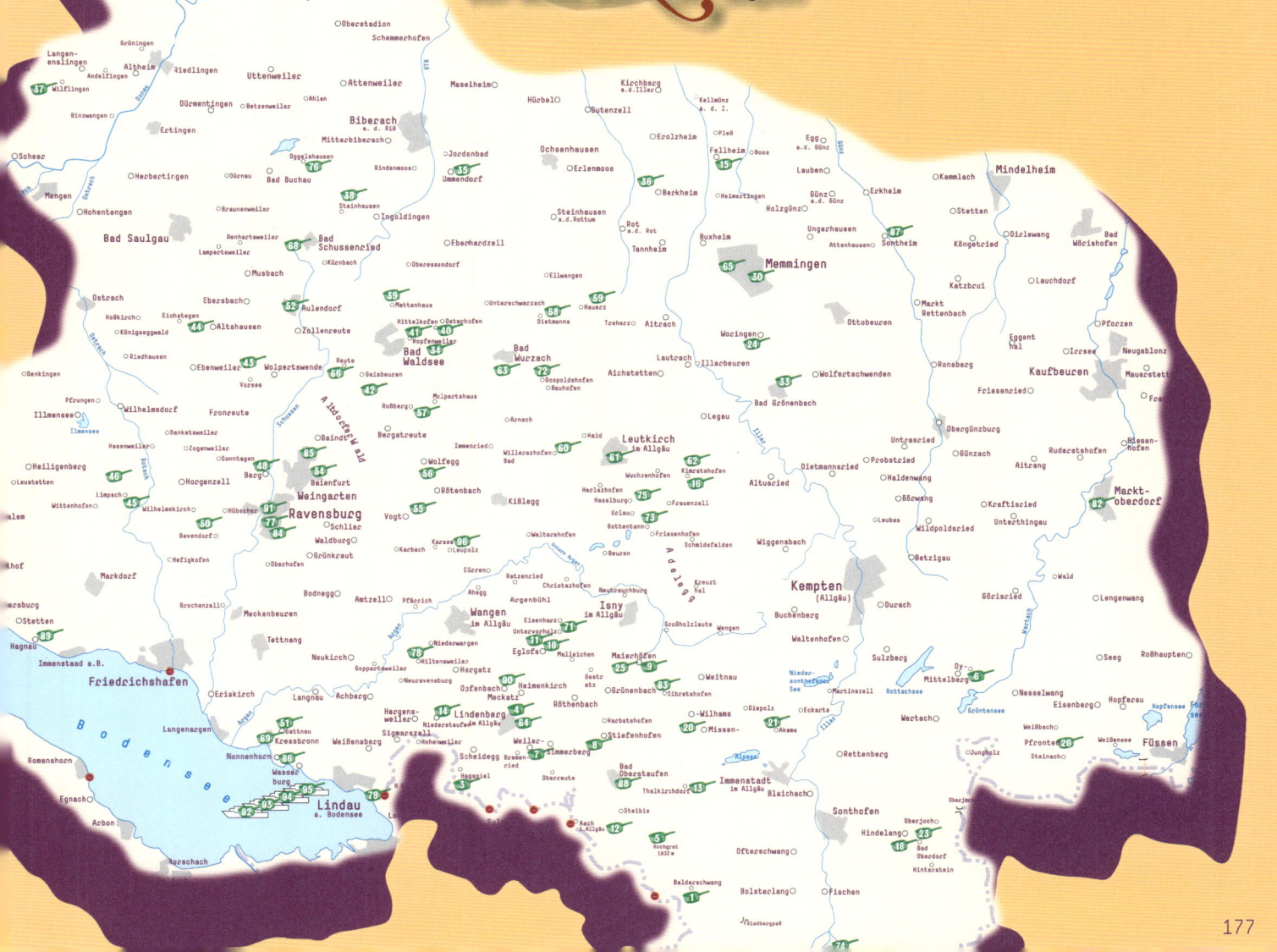

Im Pakt für den guten Geschmack

Ob Rind, Schwein oder Käs', hier setzen die Wirte auf Geschmack. Ihre Zutaten kaufen sie regional ein und zaubern daraus Bestes. Sie kochen, grillen und kreieren: zwischen klassisch-bodenständig und unerwartet Gaumen kitzelnd. Wer hier einkehrt, genießt die Region. Eine gute Tat ist's außerdem: Unterstützung für die Wirte, die Metzger, die Bäcker und Bauern - kurz, für die Wirtschaft und die Menschen vor Ort.

Gasthof	PLZ	Ort	Homepage
Westallgäu			
Landgasthof Rössle	88167	Stiefenhofen	www.roessle.net
Landhotel-Gasthof Ellerhof	88175	Scheidegg	www.landhotel-ellerhof.de
Lindenberger Hof	88161	Lindenberg	www.hotel-lindenberger-hof.de
Naturlandhaus Krone	88167	Maierhöfen	www.naturlandhaus-krone.de
Gasthof Pension Sontheim	88167	Maierhöfen	www.gasthof-pension-sontheim.de
Gasthaus zur Traube	88171	Weiler	www.traube-weiler.com
Gasthaus zum Löwen	88161	Lindenberg	www.loewe-lindenberg.de
Gasthof Löwen	88138	Niederstaufen	
Meckatzer Bräustüble	88178	Heimenkirch	www.meckatzer-braeustueble.de
Oberallgäu			
Gasthof zum Fässle	87452	Kimratshofen	www.gasthof-faessle.de
Landgasthof Alte Post	87452	Kimratshofen	www.landgasthaus-alte-post.de
Brauereigasthof Schäffler	87458	Missen	www.schaeffler-braeu.de
Gasthof zum Hirschen	87509	Immenstadt	www.lustiger-hirsch.de
Hotel Traube	87534	Thalkirchdorf	www.traube-thalkirchdorf.de
Alpenlandhotel Hirsch	87541	Bad Oberdorf	www.Alpengasthof-Hirsch.de
Romantikhotel Sonne	87541	Bad Hindelang	www.sonne-hindelang.de
Alpengasthof Hörmoos	87534	Oberstaufen-Steibis	www.hoermoos.de
Staufner Haus	87534	Oberstaufen-Steibis	www.staufner-haus.de
Gasthof Hotel Rose	87466	Oy-Mittelberg	www.rose-allgaeu.de
Hotel Ifenblick	87538	Balderschwang	www.ifenblick.de
Ritters Höhenblick	87490	Haldenwang	www.ritters-hoehenblick.de
Riegers Restaurant	87561	Oberstdorf	www.riegers-restaurant.de
Rupp's Biergarten-Radlereinkehr	87480	Sibratshofen	www.rupps-radlereinkehr.de
Altstaufner Einkehr	87534	Oberstaufen	www.altstaufnereinkehr.de
Ostallgäu			
Braugasthof Falkenstein	87459	Pfronten-Ried	www.braugasthof-falkenstein.de
Sailerbräu	87616	Marktoberdorf	www.sailerbraeu.com
Unterallgäu			
Badische Weinstube	87730	Bad Grönenbach	www.badische.com
Gasthof Lindenbad	87700	Memmingen	www.gasthof-lindenbad.de
Grünes Haus	87700	Memmingen	www.grueneshaus.de
Landgasthof zum Adler	87748	Fellheim	www.landgasthof-zum-adler.de
Wirtshaus Schwarzer Adler	87789	Woringen	www.adler-woringen.de
Dampfsäg	87776	Sontheim	www.dampfsaeg.de

Gasthof	PLZ	Ort	Homepage
Ravensburg			
Gasthof zur Rose	88260	Argenbühl-Eglofs	www.gasthof-zur-rose.info
Hofwirtschaft Ellgass	88260	Argenbühl-Eglofs	www.hofwirtschaft-ellgass.de
Ochs am Berg	88260	Argenbühl-Eglofs	www.ochs-am-berg.de
Gasthaus Hecht	88299	Leutkirch	
Brauereigasthof Mohren	88299	Leutkirch	www.brauereigasthofmohren.de
Heu-Gabel	88299	Leutkirch	www.heu-gabel.de
Rössle-Haselburg	88299	Leutkirch-Urlau	www.roessle-haselburg.de
Gasthof - Metzgerei Adler	88410	Bad Wurzach-Hauerz	www.beste-wirtschaft.de
Gasthof Adler	88410	Bad Wurzach-Dietmanns	www.adler-dietmanns.de
Gasthof Adler	88410	Bad Wurzach	www.hotel-adler-bad-wurzach.de
Käserei Vogler/Sennerstüble	88410	Bad Wurzach	www.kaeserei-vogler.de
Gasthaus Versteigerungshalle	88369	Bad Waldsee	www.gasthaus-versteigerungshalle.de
Golf und Vitalpark Bad Waldsee	88339	Bad Waldsee	www.waldsee-golf.de
Gasthaus zur Rose	88339	Bad Waldsee-Hittelkofen	www.rose-hittelkofen.de
Hotel-Landgasthof Kreuz	88339	Bad Waldsee-Mattenhaus	www.hotel-kreuz.de
Hotel Gasthaus Adler	88339	Bad Waldsee-Gaisbeuren	www.hotel-gasthaus-adler.de
Gasthof Sonne	88339	Bad Waldsee-Reute	www.sonne-reute.de
Gasthof Rad	88326	Aulendorf	www.ritterkeller.de
Vorseer Stallbesen	88284	Wolpertswende-Vorsee	www.vorseer-stallbesen.de
Gasthof zum Schützen	88361	Altshausen	www.gasthof-zum-schuetzen.com
Gasthof Lindenhof	88255	Memmingen	www.gasthof-lindenhof.com
Akzent Hotel Altdorfer Hof	88250	Weingarten	www.altdorfer-hof.de
Hotel Storchen	88212	Ravensburg	www.storchen-ravensburg.de
Restaurant Veitsburg	88212	Ravensburg	www.restaurant-veitsburg.de
Wirtshaus Restaurant Mohren	88212	Ravensburg	www.mohren-ravensburg.de
Landgasthof Kreuz	88213	Ravensburg-Bavendorf	
Haus Hubertus	88276	Ravensburg-Berg	www.haushubertus.com
Gasthof zum Bräuhaus	88364	Roßberg	www.braeuhaus-rossberg.de
Hotel-Gasthof zur Post	88364	Wolfegg	www.hotel-post-wolfegg.com
Landgasthaus zur Sonne	88239	Leupolz/Wangen	www.zur-sonne-leupolz.de
Gasthof Paradies	88267	Vogt	www.gasthof-paradies.de
Weinstad'l Rimmele	88239	Wangen	www.weinstadl-rimmele.de
Biberach			
Landgasthof zur Linde	88427	Steinhausen	www.zur-linde-steinhausen.de
Gasthof Gaum	88444	Ummendorf	www.gasthof-gaum.de
Gasthof Löwen	88515	Wilflingen	www.loewen-wilflingen.de
Landgasthof Hotel zur Rose	89584	Ehingen-Berg	www.rose-berg.de
Gasthof Ochsen	88450	Berkheim	www. ochsenberkheim.de
Restaurant Schinderhannes	88427	Bad Schussenried	www.restaurant-schinderhannes.de
Gasthof Löwen	88422	Oggelshausen	www.loewen-oggelshausen.de
Bodensee u.a.			
Berggasthof Höchsten	88636	Illmensee-Höchsten	www.hoechsten.de
Naturhotel Mohren	88693	Limpach-Deggenhausertal	www.gutsgasthof-mohren.de
Bärenrestaurant Peterhof	88079	Kressbronn am Bodensee	www.teddybaerenhotel.com
Gasthaus Pension zum Forst	88079	Kressbronn	www.gasthaus-forst.de
Restaurant Hagnauer Hof	88709	Hagnau	www.hagnauer-hof.de
Zum Winzer	88149	Nonnenhorn	www.peter-hornstein.de
Strandhaus Lindau	88131	Lindau	www.strandhaus.li
Schiffsgastronomie Partyservice Schmieger	88131 Lindau		www.partyservice-schmieger.de

Besuchen Sie meine Kollegen in ihren Häusern, Gasthöfen und Restaurants ... dort werden Sie mit regionalen Gerichten verwöhnt.

Sie haben die Region zum Essen gern: LandZunge-Wirte, die ihren Gästen das Beste aus der Gegend vorsetzen. Und die sich rührig für ihre Heimat engagieren. Als Botschafter für hiesige Speisen und Aromen, als Partner der Bauern und Betriebe, als Verfechter alter Werte wie Tradition und Esskultur. Aber auch als Vorreiter, die das Gestern mit dem Heute zu vereinen wissen - und zwar in so gekonnter Weise, dass es schlichtweg auf der Zunge zergeht.

Vielleicht sind sie eines Tages alle in einem Buch vereint. Bis es so weit ist, seien hier fünf Wirte und je ein Rezept-Tipp vorgestellt. Sie laden ein zum Ausprobieren, daheim am eigenen Herd, oder zum Ausflug zu einem der vielen LandZunge-Gasthöfe.

Grillgemüse

- 2 Zwiebeln
- 1 Stange Lauch
- 1 Blumenkohl
- 2 rote Paprikaschoten
- 2 kleine Zucchini
- 4 Tomaten
- 2 Stangen Sellerie
- 8 Blätter Basilikum
- 2 Zehen Knoblauch
- 200 g Blauschimmelkäse
- etwas Rapsöl
- Salz und Pfeffer aus der Mühle
- 1/2 Liter Bier

Gemüse waschen und schälen. Zwiebel und Lauch in Ringe, Zucchini, Paprika und Tomaten in kleine Würfel, Knoblauch in kleine Scheiben schneiden. Den Käse würfeln. Alles vorsichtig mischen.
4 Stücke Aluminiumfolie von ca. 30 cm Länge mit Rapsöl bestreichen. Die Gemüse-Käse-Mischung jeweils in die Mitte der Folie legen, salzen und pfeffern.

Die Basilikumblätter dazugeben. Die an den 4 Ecken oben zusammendrehen, dabei eine kleines Loch offen lassen. Die Gemüsepäckchen auf den Grill legen und während des Garens nach und nach das Bier einfüllen.
Je nach der Größe der Gemüse-Stücke und der Hitze des Grills liegt die Garzeit zwischen 10 und 20 Minuten.

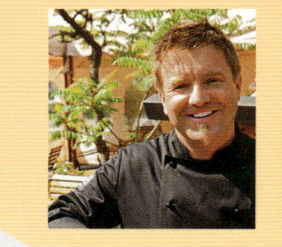

Klaus Winter
... hat (fast) nur Grillen im Kopf und spielt gern mit dem Feuer. Der Meister brennt fürs Barbecue.

Saure Rinderrouladen mit Bodenseeäpfeln

- 4 Rouladen vom PrimaRind

Für die Marinade:
- 2 Karotten
- 1 Lauchstange
- 1 kleine Sellerieknolle
- 1/8 Liter Apfelessig
- 1/8 Liter Rotwein
- 4 Wacholderbeeren
- 2 Lorbeerblätter
- einige Nelken
- etwas Piment
- ein paar schwarze Pfefferkörner
- Paprikapulver
- 2 TL Senf, mittelscharf
- 12 Scheiben Allgäuer Speck
- 2 Zwiebeln
- 3 säuerliche Bodenseeäpfel
- 2 Essiggurken
- 2 EL Sonnenblumenöl
- 1 Becher Allgäuer Sauerrahm
- Salz und Pfeffer

Für die Beize Karotten, Lauch und Sellerie putzen, waschen und klein schneiden. Mit 1/2 Liter Wasser, dem Apfelessig, Wein und den Gewürzen mischen. Fleisch darin ungefähr 24 Stunden marinieren.
Rouladen in einem Sieb abtropfen lassen, die Beize auffangen. Fleisch trocken tupfen, mit Salz, Pfeffer und Paprika würzen, mit Senf bestreichen. Anschließend mit Speck und klein geschnittenen Zwiebeln, Apfelstücken und Essiggurkenstifte belegen. Seitlich das Fleisch einklappen, von der Längsseite her aufrollen und mit Küchengarn zusammenbinden.
Das Sonnenblumenöl in einem Schmortopf erhitzen, Rouladen rundherum anbraten. Die Marinade mit dem Gemüse und den Gewürzen dazugeben und alles zugedeckt bei kleiner Hitze ca. 90 Min. schmoren. Rouladen herausnehmen, warm stellen.

Soße durch ein Sieb gießen, Gemüse (ohne Gewürze) wieder hineingeben und mit einem Pürierstab pürieren. Nun noch in Würfel geschnittene Bodenseeäpfel in die Soße geben und zum Schluss den Sauerrahm einrühren. Danach noch lecker abschmecken.
Dazu passen sehr gut hausgemachte Semmelknödel.

Guido Gierer
... liebt es, wenn die Wellen schlagen. Auf dem Bodensee und bei allem, was er für seine Heimat anpackt.

Eingemachtes Kalbfleisch

- 800 g Kalbfleisch zum Schmoren (Brust oder Schulter), grob gewürfelt
- 3 EL Butterschmalz zum Anbraten
- 1 Karotte, fein gewürfelt
- 1/2 Lauch, in feine Ringe geschnitten
- 1 Stück Knollensellerie, fein gewürfelt
- 1 Lorbeerblatt
- 3 Nelken
- 1/4 Liter Kalbsfond oder Brühe
- 1/4 Liter trockener Riesling-Wein
- 1/4 Liter Sahne
- etwas Mehlbutter zum Binden
- 1 Prise Salz und Pfeffer
- 1 Prise Zucker

Fleischwürfel in heißem Butterschmalz portionsweise rundum hell anbraten, aus dem Topf nehmen.
Im restlichen Fett Zwiebel, Karotte, Lauch und Sellerie anschwitzen.
Das Fleisch wieder dazugeben, mit Fond und Wein ablöschen, Lorbeerblatt und Nelken dazugeben.
Auf kleiner Hitze mit geschlossenem Deckel ca. 45 bis 60 Min. schmoren lassen, bis das Fleisch schön zart ist. Lorbeerblatt und Nelken entfernen, Sahne dazugeben, etwas einkochen lassen, dann evtl. mit etwas Mehlbutter binden.
Mit Salz, Pfeffer, Zucker, Zitronenabrieb und etwas Saft abschmecken. Die Soße soll schön säuerlich schmecken. Dazu passen breite Bandnudeln.
Der Name kommt daher, dass man dieses Ragout früher in Weckgläsern eingekocht, also eingemacht hat, und so gerade für größere Gesellschaften schnell ein feines Festessen parat hatte.

Manfred Pferdt
... tanzt auf zwei Hochzeiten – kocht in zwei Gasthöfen. Ein Virtuose, der seine Sache gleich doppelt gut macht.

Zwiebelfleisch

- 1 kg Rindfleisch zum Sieden, am besten PrimaRind-Bugblatt oder Dicke Schulter

Für den Sud
- Wurzelgemüse (Lauch, Karotten, Sellerie)
- Salz, Pfeffer
- Lorbeerblatt
- Wacholderbeere
- Karamell
- Muskatnuss

Für die Zubereitung des Zwiebelfleischs
- Bratensoße
- Zwiebel
- Salz, Pfeffer
- Majoran
- Öl

Gesottene Rinderschulter auf Wirsingrahm

Fürs Fleisch:
- ca. 1,7 kg Rinderschulter
- Salz, Pfeffer
- 100 g Karotten
- 100 g Sellerieknolle
- 100 g Petersilienwurzel
- 1 Zwiebel
- 2 Nelken
- 2 Lorbeerblätter
- 2 Pimentkörner
- 2 Wacholderbeeren
- 1,5 Liter Gemüsebrühe

Für den Wirsing:
- 1 Kopf Wirsing
- Salz
- Muskat
- 1/4 Liter Milch
- 50 ml Sahne

Gemüse schälen und in grobe Stücke schneiden, Zwiebel halbieren, mit Schale und Gewürzen in einem Mörser kurz zerdrücken. Einen Kochtopf wählen, in dem die Schulter im ganzen Platz hat und mit etwas Öl erhitzen. Schulter gleichmäßig von allen Seiten würzen und im Topf kurz anbraten um die Poren zu schließen. Gemüse und Zwiebel auch mitrösten.
Dann mit Gemüsefond ablöschen und zugedeckt ca. 4,5 Stunden bei 90 °C im Backofen langsam garen. Eine halbe Stunde vor Garzeitende die Gewürze noch beigeben. Den Wirsing von den äußeren, schlechten Blättern befreien. Dann die restlichen Blätter abtrennen und davon den Strunk entfernen. Nun aus den Blättern kleine Rauten schneiden.

Alles in Salzwasser kurz blanchieren und im kalten Wasser abschrecken, damit die Farbe erhalten bleibt. Mit 1/4 Liter Wirsingfond, der Milch und der Sahne eine sämige Soße kochen. Kurz vor dem Servieren den Wirsing in der Soße erhitzen. Beim Anrichten etwas Gemüse auf den Teller geben, eine fingerdicke Scheibe Fleisch mit frischem Meerrettich obendrauf. Dazu passen am besten knusprige Bratkartoffeln.

Oliver Rieger
... kocht die Region. Pragmatisch, ruhig, besonnen. Herrlich kreativ mit dem, was Landschaft und Saison ihm bieten.

Topf mit kochendem Wasser, gewürfeltem Wurzelgemüse, Salz, Pfeffer, Lorbeerblatt, Wacholderbeeren, Karamell und Muskatnuss kurz aufkochen lassen, dann Fleisch zugeben und ca. 2-5 Std. köcheln lassen. Aus dem Ofen nehmen und abkühlen lassen.
Fleisch in Scheiben schneiden, Zwiebel in Ringe schneiden und in einer Pfanne etwas Öl erhitzen.
Zwiebelringe in die Pfanne geben und mit Salz, Pfeffer und Majoran würzen. Dann

Fleisch beidseitig scharf anbraten und mit der Bratensoße ablöschen. 3-4 Min. schmoren lassen.
Am besten mit Bratkartoffeln oder Spätzle servieren.

Der Tipp vom Koch:
Das Rindfleisch am Vortag schon sieden, so erhält man eine leckere Fleischbrühe. Dazu schmecken Suppennudeln mit zwei Scheiben vom gekochten Rindfleisch.

Josef Elgass
... sprudelt über vor Ideen: Bauer mit Leidenschaft und gewiefter Patriot, der sich das Kochen selbst beibrachte.

Wann tun wir's wieder?

Jeder weiß es, die wenigsten machen es: Nach dem Essen soll man ruhen ... Doch kaum jemand gönnt sich die Rast nach dem Mahl, vielmehr hetzen die meisten schon während des Speisens – zumindest gedanklich – zum nächsten Vorhaben. Statt beim Genuss und ihren Tischnachbarn, sind sie längst wieder bei der Arbeit, bei Einkauf oder Hausputz. Aufstehen und ganz verschwinden, mit einem letzten Happen auf den Lippen, das läuft dann auch recht selbstverständlich. Nur: Das ist es nicht. Denn ein gutes Gericht darf in vollen Zügen genossen werden. Und es darf nachwirken. Sich setzen. In Ruhe seine Kraft entfalten. Dazu gehört ohnehin, dass unser Gehirn nach dem Mahl ein paar Zellen abschaltet. Mittagsruhe ist angesagt. Siesta. Pause. Müde sein und entspannen. Auf einer Liege in der Sonne. Oder beim Kaffee und einem netten Gespräch noch am Tisch. Manch einer greift zum Verdauungsschnaps. Andere schwören auf den Spaziergang. Ganz egal was – bloß nicht gleich wieder in den Alltag rasen! Die Pause haben Sie sich verdient. Gerade dann, wenn Sie die Stunden davor mit Volldampf für Beruf, Familie, Haushalt (oder vielleicht einmal Zeit für sich) verbracht haben.

Es spielt keine Rolle, wie der Tag läuft. Denn wie schon gesagt: Nicht erst ein Festtag sollte der Grund für gutes, in Ruhe genossenes Essen sein. Ein wohlschmeckendes Gericht, mit Muße verzehrt, kann jeden Tag zum Festtag machen. Wenn dieses Buch Sie also angeregt hat, mit Freude ein Mahl zu bereiten und es in Achtsamkeit zu erleben, dann, bitte: Tun Sie's gleich morgen wieder!

Zum Weiterlesen

Niemand kommt um gute Koch- und Sachbücher herum, wenn er oder sie tiefer in die Materie einsteigen will. Über Lebensmittel und deren Zubereitung wurde und wird aber so viel geschrieben, dass wir hier auf eine Titelliste verzichten. Außerdem besitzt sicher jeder ein Standardwerk wie die Teubner Küchenpraxis oder die Bibel der guten Küche von Plachutta und Witzigmann. Speziell für die Region, ihre Wirtshäuser, Eigenarten und Gerichte empfehlen wir die Zeitschrift LandZunge.

Es macht aber auch immer wieder Spaß, in der Wikipedia zu lesen oder auf www.lebensmittellexikon.de zu stöbern. Deshalb hier ein paar Schlagworte: Mineralwasser, Essig, Speiseöl, Speisesalz, Mehlschwitze und Siedfleisch.

Weitere Internetseiten
Weinbau und Weine am Bodensee:
www.bodenseewein.de

Streuobstwiesen:
www.streuobst-bodensee.de,
www.kob-bavendorf.de und
http://de.wikiversity.org/wiki/
Faszinosum_Streuobstwiese

Speisen der Neandertaler:
www.wdr.de/tv/quarks/sendungsbeitraege/2005/1018/008_fleisch.jsp

Geschichte des Rößlerhofes und -weihers:
www.roesslerhof.de

Fische im Bodensee: www.ibkf.org (Seite der Internationalen Bevollmächtigtenkonferenz für die Bodenseefischerei IBKF) und www.bodensee-angeln.de

Infos zu Wild: www.jagd-oberallgaeu.de und www.wildhalter-bayern.de

Mehr über Allgäuer Weiderind:
www.primarind.de

Regionales & Initiativen:
www.landzunge.info,
www.kaelber-eg.de,

Teile des Rindes:
http://de.wikipedia.org/wiki/Rindfleisch

Lesenswertes über Gulasch:
www.traditionelle-lebensmittel.at

Zur Müdigkeit nach dem Essen:
www.sciencedaily.com/releases/
2006/06/060601091020.htm

Ralf dampft in allen Gassen

Kreative Küchenhelfer

Da geht einer so richtig auf, wenn's an allen Ecken brodelt. Hitze nur am eignen Herd, das wäre dem Lindauer Koch zu fad. Also bringt Ralf Hörger Würze in seinen Alltag und in den seiner Zeitgenossen: als Leiter vom „Kochfest" in Lindau, als Geschäftsführer von LandZunge und VitalZunge, bei Shows für Genießer, beim Oktoberfest Lindau und zum Weideochsenfest in Schmidsfelden. Seine Rezepte sind für viele zum Salz in der Suppe geworden, wie die Picknick-Vorschläge für die Aktion der Meckatzer Brauerei oder die Genuss-Ideen rund ums Rind für Kälber EG Allgäu und LandZunge sowie, nicht zuletzt, die Rezepte für Sammler und Probierfreudige, die der Kenner für Feneberg erstellt.

Auf kleiner Flamme kocht Hörger wohl nur Lebensmittel. Sofern die Zubereitung es erfordert. Nach vielen Lehr- und Arbeitsjahren im In- und Ausland kennt der Rastlose sich aus. Ein paar Stationen: Ausbildung zum Koch, Abschluss als Küchenmeister (mit 24 damals einer der jüngsten), Qualifikation als Diabetisch geschulter Koch, Topfgucker bei Sternekoch Harald Wohlfahrt, Küchenchef vom Krankenhaus Lindau und seit 2002 – zusammen mit Ehefrau Brigitte – kreativer Tausendsassa im Atelier „Kochfest". Seine Spezialität ist der Geschmack der Region: traditionelle Rezepte, zeitgemäße Ideen, Zutaten nach Jahreszeit und aus der Gegend. Authentische, unverwechselbar gute Genüsse.

Marc Brandner und Friederike Lerbs haben die Ideen Ralf Hörgers durchgeknetet, in Formen gegossen und aufgebacken. Sie halfen dem Koch, sein Wissen und seine Ansprüche knackig und appetitlich zu verpacken, auf dass sie informieren und anstiften können. Zum Beispiel in einem schönen Buch. Marc Brandner führt in Leutkirch ein Büro für visuelle Kommunikation. Friederike Lerbs arbeitet freischaffend als Texterin und Redakteurin in Sonthofen.

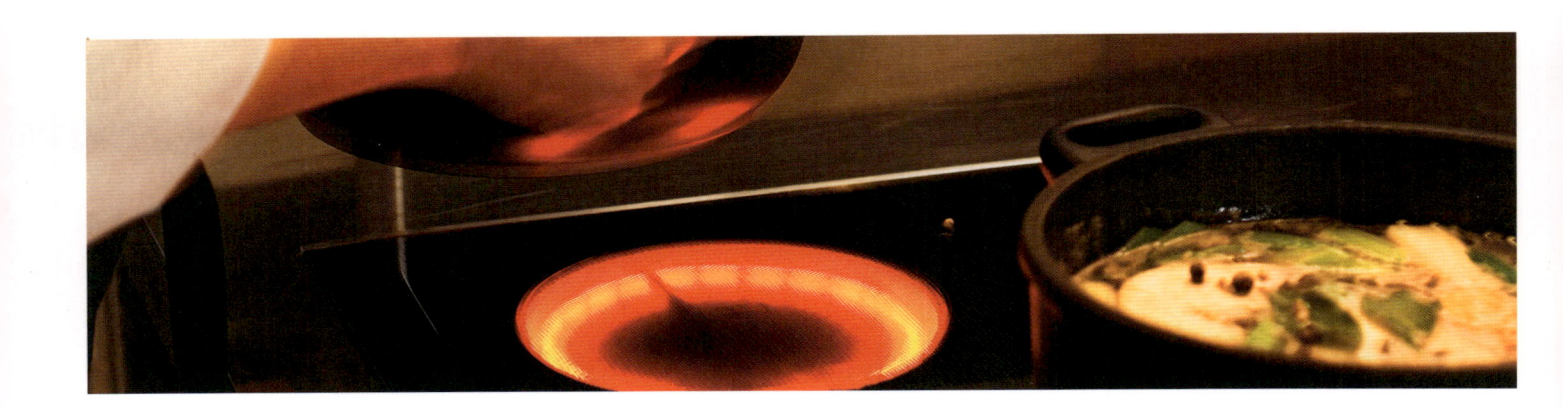

Bildnachweis

Markus Leser, Bad Waldsee: S. 2, 4, 6 re, 18, 22/23, 24/25, 26, 28, 30, 39, 41, 84/85, 86, 87, 88, 91, 124–147, 150–157, 162, 167, 168, 170, 171, 173, 174, 176 o, 177, 188, Rückseite (2)

Thomas Gretler, Weiler im Allgäu: S. 6 o re, 8, 9, 10, 13, 21, 32, 33, 34, 44, 61, 93, 158, 160, 166, 176 u

Bruno Kickner, Leutkirch im Allgäu: S. 6 u, 20, 36, 37, 42, 51 o, 70–76, 96–99, 163, 186

Wolfgang Bietsch, Leutkirch: S. 78–83

Theo Feneberg, Buchenberg: Titel, 40, 45, 47, 48, 49, 50, 51 (5), 52–60, 63–69, 77, 100–103, 105, 106, 108/109, 110–123, 148, 149, 161, 164–165, 175, 180–183, Rückseite u

Fotolia: Hintergründe auf S. 45, 47, 48, 49, 60, 62, 66, 67, 68, 69, 78, 123, 164

Fotolia: S. 62

Wolfgang Schneider, Lindau: S. 11

Fabienne Hörger, Lindau: S. 186

Friederike Lerbs, Sonthofen: S. 104

Marc Brandner, Leutkirch: S. 6 o li, 6 u re, 40 (Hintergrund), 64 (Hintergrund), 92, 95, 109 (Hintergrund)

Kunstverlag Josef Fink, Lindenberg: S. 12

Brauerei Clemens Härle, Leutkirch: S. 16/17, Rückseite

Impressum

1. Auflage 2013
ISBN 978-3-00-039960-2

Herausgeber:
Ralf Hörger, Lindau

Rezepte:
Ralf Hörger, Lindau

Text:
Friederike Lerbs, Sonthofen

Layout und Gestaltung:
werbeatelier brandner, Leutkirch im Allgäu

Bildbearbeitung:
CamScan, Stiefenhofen

Korrektorat:
Sonja Gebauer, Scheidegg

Druck:
Holzer Druck und Medien, Weiler i. Allgäu

Bibliografische Information der Deutschen Nationalbibliothek
Die Deutsche Bibliothek verzeichnet diese Publikation in der Deutschen Nationalbibliografie; detaillierte bibliografische Daten sind im Internet über >http://dnb.d-nb.de< abrufbar.

Danke

... als erstes danke ich Ihnen, dass Sie Interesse an diesem Kochbuch haben!

Ganz herzlichen Dank an Hannes und Thomas Feneberg. Durch sie wurde dieses „Prima" Projekt erst möglich. Großer Dank an Marc Brandner, er hatte den Löwenanteil beim Projekt „Hörgers Kochbuch", an Friederike Lerbs für die schönen Texte und die guten Ratschläge.
An all' die Fotografen, mit denen ich viele kreative Stunden verbringen durfte und sehr großen Spaß dabei hatte.
An meine Partner, die mich bei dieser „Geschichte" unterstützt haben. An meine Kolleginnen und Kollegen der LandZunge für ein wunderbares Miteinander und an alle, die zum Gelingen meines Kochbuches ehrlich regional. (h)ausgemachtes kochvergnügen beigetragen haben.

Mein besonderer Dank gilt Brigitte, Dominik und Fabienne.

Bleiben Sie regional
Ihr Ralf Hörger